영양 만점

교육 비타민

a perfect nutrition

education vitamin

영양만점 교육 비타민

김기연

우리나라 학부모의 교육열은 세계적으로도 유명하다. IT 기기 등 첨단 교육 자료의 인프라는 OECD 국가 중에서도 하이 클래스다. 인정하고 싶지 않지만 사교육 경쟁력은 세계 최고 수준이다.

솔과학

책을 내며

우리나라 학부모의 교육열은 세계적으로 유명하다. IT 기기 등 첨단 교육 자료의 인프라는 OECD 국가 중에서도 하이 클래스다. 인정하고 싶지 않지만, 사교육 경쟁력은 세계 최고 수준이다. 이 뿐만 아니라 교사는 인재 5% 안에 드는 우수 집단이다. (*맥킨지 보고서 교사의 질 : 1위 핀란드, 2위 싱가포르, 3위 한국)

하지만 한국의 교육문제는 교육열이나 뛰어난 인프라, 우수한 교사로 해결할 정도로 가볍지 않다. 대학입시 제도만 보아도 해방 후 대별하여 16번, 작은 정책까지 포함하면 35회 정도 바뀌었다. 대학입시 수시전형 요소는 3,790(2011개에서 줄어든 것이 2,988 2016)개이다. 공교롭게도 요즘 사회 지도층 아들 딸 사례가 말해 주듯 수시는 상류층 자녀들이 제도의 헛점을 교묘히 활용하고 있다. 이처럼 수시는 서민들 자녀에게는 언덕 위의 구름이자 '기울어진 운동장' 이다. 그들은 사교육 시장 전문 입시 코디cody의 관리와 '작은 네트워크 세상'의 인맥으로 수월하게 원하는 대학을 진학하고 있는 것이 불편한 진실이다. 가히 한국 사회 울트라 수퍼 파워 그룹으로 그들은 정신심리학 용어로 '우월의 착각'에 빠진 사람들이다.

전술한 사례에서 보듯 공교육이 악순환의 절정이라면 사교육은 생존의 더듬이가 발달 되어 선순환의 묘미를 보여주고 있다.(*한국교육개발원, 초중고학부모 98% 사교육 시킨다.2019.) 그래서 우리나라 교육 문제는 난마처럼 얽히고 설켜 있는 것이 현실이다.

따라서 교육의 '고르디우스-매듭'을 끊어야 하는 과제를 안고 있다. 학생은 입시 경쟁에 비명을 지르고, 학부모는 사교육비 부담에 아우성이며, 대학생은 취업난으로, 회사는 구인난에 신음한다. 인공지능AI과 4차 산업 혁명으로 대변되는 여명기에 우리나라의 교육은 어디로 가고 있을까? "우수한 학생 대다수가 의대 법대로 진학을 희망하게 하는 교육풍토는 나라가 망하는 지름길이다"(*오원철. 전 청와대 경제수석)라는 말에 답이 있다. 이는 사회 인적자본의 왜곡을 말 한다. 다가오는 인공지능 시대 "최고의 교육은 독서"라 한다.(*조미상. 〈자녀의 미래를 바꾸는 6가지 부모력〉 저자) 한데, 온 · 오프 라인에는 교육에 대한 각종 정보가 홍수처럼 밀려 온다.

하지만 그 많은 정보는 교언巧言과 '악마의 편집'으로 어디서부터가 팩트이고, 립싱크인지 구별이 안 된다. 더 나아가 뜬구름처럼 현학적衒學的이다 보니, '리얼리티'를 가장한 '판타지로 말이 번지르하다. 그래서 학부모들은 판단의 시계가 흐리게 되고, 더욱 혼란스럽다.

이 뿐만 아니라 교육계가 온통 특정 이념의 이항대립 구도, 현대사에 대한 해석의 편차, 수월성 교육과 보편성 교육 등에서 진영 간 삿대질을 해 대고 있다. 이렇게 혼탁한 교육계에 지식인은 침묵하고, 원로는 물갈이 주장에 주눅 들고, 기개 있는 젊은 교사들이 보이지 않는다. 사회의 구루Guru · 정신적 지도자, 스승는 어디에 있는가? "목탁 잘 두두린다고 부처님 되는 게 아니다"는 말처럼 교육계의 겉은 멀쩡한데 속 빈 강정이다.

사회의 도덕성, 학생들의 행복감, 교사에 대한 존경심 등 사회의 정신자본이 부탄이나 방글라데시만도 못 하다. 소득 3만 달러 시대에 이만 저만의 역설이 아니다. 이러한 와중에도 오도된 교육열은 대학 진학률 80% 시대다. 수요 공급의 미스매치는 말 할 나위 없다.

헬리콥터 부모 밑에서 성장한 N(i)세대는 피터팬 증후군, 파랑새 증후군, 캥거루족이라는 옛날에는 듣도 보도 못 했던 자녀 문제를 안고 있다. "가정은 최초의 학교요, 부모는 최초의 교사다"의 의미는 가정교육 기능의 중요성을 시사한다.

그래서 프랑스 속담에 '가정은 국가의 심장이다'라고 하였다. 농작물은 농부의 발자국 소리를 듣고 자라듯, 청소년들은 부모와 교사의 자장권에서 가치관이 삼투되고 꿈을 키우며 자라난다. 따라서 청소년의 가치관 형성에 '초두효과'는 매우 중요하며, 왜곡된 정보와 가치관은 치명적이다.

하지만 '닻 내리기 효과'의 부작용이 전국의 학교에서 일어나고 있다는 평가다.(*한국갤럽 전교조 인식조사 부정 48%, 긍정 19% 보류34%) 더욱 심각한 것은 선출직 교육감의 포퓰리즘으로 학부모들의 무상에 대한 공짜의 역치閾値가 한껏 높아지고 있다.

이 같은 정책은 '경로 의존성'이 심화 되어 '개미지옥'을 향하는 누란累卵의 위기다. 재정 사회주의에서나 있을 법한 '공유지의 비극'[1]은 먼 미래에 있지 않은 데 문제의 심각성이 있다. 교육의 본질보다 언저리 정책으로 학부모에게 희망고문 한다면, 이는 교육적이지도 않을 뿐더러 교육자의 자세도 아니다. '사회권'과 '교육권'은 국가의 책무이지만 올바른 교육권은 부모의 책무다.

따라서 이 책은 교육계 정보 소음의 녹음이며 자녀들의 교육과 진로에 대한 명징한 안내서이자 처방전이다. 끝으로 책이 출간될 수 있도록 도움을 준 제자 정서윤(*대학원 석사과정) 양에게 고마움을 전한다.

2020. 3. 서대문 안산 자락길에서

저자 김 기 연

---

1) 공유지의 비극 : 공유지인 풀밭에 동네 주민 모두가 제한 없이 소를 방목한다면, 그 풀밭은 개인의 지나친 욕심으로 황폐해져 공동체 전체가 파멸되는 현상을 말한다.

영양 만점

교육 비타민

contents

영양 만점
교육 비타민

contents

5부. 마음대로 프리즘

6부. 무지개 꿈

영양 만점

교육 비타민

contents

7부. 산기슭

8부. 가로등 심리

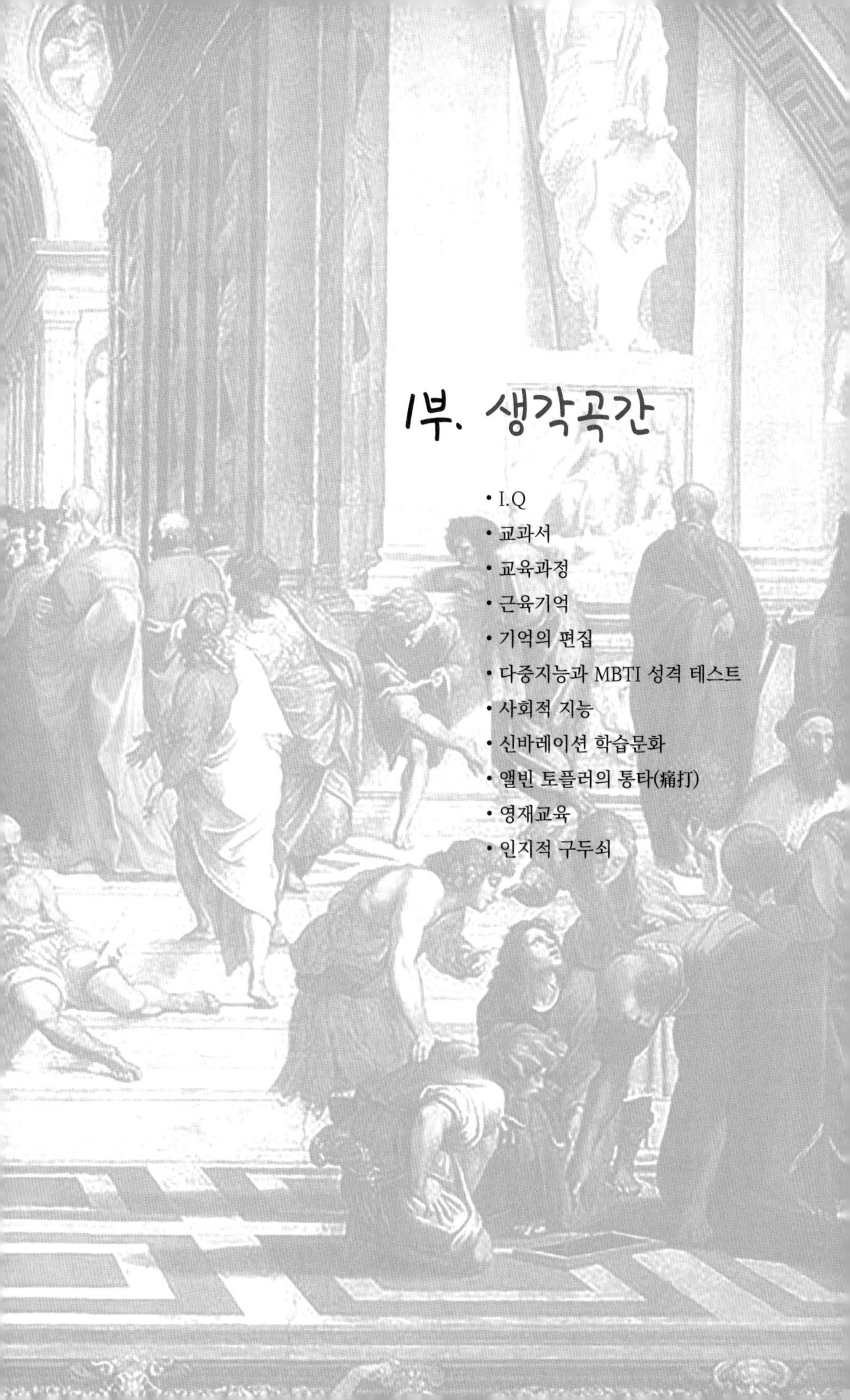

1부. 생각곡간

I.Q

지능검사는 프랑스 심리학자인 비네트와 시몬이 1904년에 제작한 것이 효시다. 우리나라에는 1950년대 말 정범모 교수에 의해서 처음으로 초.중.고등학생 용 지능 검사지가 제작 되었다. I.Q란 영어로 Intelligene Quotient, 즉 지능지수의 첫머리 글자인 I와 Q자를 모아 지능지수라 한다. 여기서 지능이란 말을 단순화하면 머리의 좋고 나쁨을 말하는 것이고, 지수란 무엇 무엇에 대한 상대적 위치를 말하는 것이다.

인간이 가지고 있는 지각, 인식, 이해, 기억, 판단, 학습, 사고, 발견, 창조 등과 같은 지적인 일들을 총칭한 말이다. 이러한 지능지수는 유전적 요인보다 교육, 환경, 훈련, 자극 등에 의해 계발 가능성이 훨씬 크다.

지능지수는 정신연령을 실제의 만 연령으로 나눈 수치를 100배 한 것으로 실제 나이보다도 정신 연령이 크면 I.Q는 100보다도 큰 수치로 나타나 표준을 넘게 된다. 일반적으로 지능지수가 70이하인 사람을 정신 지체자라 하며 정신 지체자 중 다수는 I.Q 50~70 수준이며 이를 교육 가능 수준이라고 한다.

지능지수 30~50 수준을 훈련 가능 수준이라 하며 이런 정신 지체를 가진 사람은 전체 인구의 3% 정도라 한다. I.Q 30 이하의 지체자들은 정신 박약의 정도가 심해 전적으로 다른 사람에 의존해야만 살아갈 수 있다. 반면, I.Q가 140이상으로 나오는 학생의 특징은 정신, 신체, 사회성 및 성격 측면에서 우수성을 보이며, 특히 학습 능력이 또래 보다 우수한 천재성을 갖고 있다.

교육의 한계를 결정하는 2대 요인은 유전과 환경이다. 전문가들의 견해는 다소 다를 수 있으나 두 요인이 미치는 영향력을 7:3 또는 3:7 정도라 한다. 여러 학자 중 Thurstone는 I.Q를 '기본정신 능력' 이라 말하며 그 안에는 7가지의 정신능력(*언어 이해 요인, 단어 유창성 요인, 수(數)요인, 공간 시각 요인, 기억 요인, 추리요인, 지각 속도 요인)을 말 한다.

I.Q(지능)를 한 마디로 정의하기는 어렵지만, 지능 형성에 문화와 인종의 다양성이 존재하고, 유전과 환경요인이 유의미하며, 학업성취와의 상관관계가 상당히 밀접하다. 일란성 쌍둥이와 이란성 쌍둥이의 실험 결과를 보아도 유전 요인이 맞기도 하

고 환경요인이 맞기도 한다. 중요한 것은 사회적으로 성공한 천재성 집단과 보통집단의 지능 지수는 유의미한 차이가 없다는 데 있다. 이는 지능 지수가 아니라 개인이 갖는 사회적 유능성이다.

교과서

교과서는 '학교에서 교육을 위해 사용하는 학생용의 주된 교재' 라고 정의하고 있다.(*교과용 도서에 관한 규정 제2조) 따라서 교과서는 교육에 사용되는 교재를 교수학습에 편리한 형태로 편집한 도서를 총칭 한다.(*국정교과서 검정교과서 포함) 여러 종류의 교과서를 편의 상 도구교과, 주지교과, 기능교과로 나누는데 독자들의 이해를 돕기 위해 약술하고자 한다.

첫째, 도구교과는 기초 기능의 발달을 자극하는 교과로서 국어와 수학 초등학교 저학년 과정에서 도구교과의 성격을 지닌다. 이른바 3Rs라고 불러오던 읽기 · 쓰기 · 셈하기의 기초 기능을 주목적으로 하는 교과들을 말한다. 그러나 국어와 수학도 학년이 높아감에 따라 도구교과道具教科로서의 기능 이외에

그 교과 자체의 성격이 증가되어 독립적인 목표를 갖는다.(*교육학용어사전, 서울대학교 교육연구소)

둘째, 주지교과는 국어, 수학, 사회, 과학, 영어를 말 한다. 직역하면 주요 교과목이라고 생각하면 된다. 주지교과主知教科에서는 탐구적 방법을 추구한다.

셋째, 기능교과는 미술 · 음악 · 체육 · 실과 등과 같이 기술상의 재능을 가르치는 교과를 말 한다. 이 교과들은 교육과정 구성에서 지식내용보다는 기능을 더 중시하며 학습목표의 많은 부분이 기능도달에 주어진다. (*실과(家政科)를 주지교과로 구성하느냐 기능교과로 만드느냐에 따라 교과내용이 달라지는 것과 같이 교과의 성격 규정이 교과배열에도 중요한 의미를 갖는다)

전술한 교과 영역 중 굳이 도구교과를 중요하게 생각하는 이유는 초등학교 저학년에서 다른 교과의 학습능력에 결정적 영향을 주기 때문이다. 특히 국어의 읽기 · 쓰기 · 듣기 · 말하기의 기능은 의사소통 기능으로 인간생활에 가장 기본이 된다.

"국어를 잘 하면 전 과목을 잘 할 수 있는 능력이 있다"는 말에는 문해력의 중요성을 시사한다. 한데 문해력 미달에 관한 EBS 〈교과서를 읽지 못 하는 아이들〉의 특집 방송이 나올 정도다.(*2019학년도) 초등학교 2학년의 문해력, 중학교 2학년의 독해능력은 부진을 넘어 학업 중단을 고민할 정도다.(*전국 단위 문해력 미달 학생수는 교육부의 정량 통계가 없다 보니 대강 10% 전후가 아닐까 추정해 본다) 이 학생들의 교육이 더 중요한 이유는 초등학교 1~2학년에서 기본적인 문해력지도를 마치게 되는데 있다. 이후 초등학교 3학년부터 문해력 지도보다는 교과 내용을 학습하는 단계다. 이렇다 보니 학년이 올라 갈수록 수업 내용을 알아듣지 못해 고민하는 학생들이 많아지게 된다, 이들의 문해력 부진은 전교과 학습부진으로 이어져 자신감 부족과 학습흥미 상실이 발생하며 그 후 일탈행동과 불량행동의 유혹에 빠질 수도 있다. 이러한 학생들이 많아진다는 것도 교육계 내부에선 주지의 사실이다. 다행히 2016년 2월 개정된 초・중등교육법 제28조(*학습부진아 등에 대한 교육)가 동년 8월부터 시행되었다.

그동안 관심을 받지 못했던 학습부진 학생에 대한 개념이 명료화되었고, 그들을 지원하기 위한 대책으로 중앙정부와 지자체의 실태조사, 지원 교재와 프로그램 개발, 관련 방안에 대한 교원연수 의무화 등이 상세하게 제시되었다. 따라서 이를 극복하는 길은 1:1 맞춤형 교육으로 문해력(독해력)을 터득한 후 자신감 회복이 급선무다.

요즘 초등학교 시험문제의 지문을 보면 중문에 복문까지 한자 어휘까지도 나온다.(*초등학교 5학년 과학의 경우 용매 용질 같은 개념이 나온다) 역사나 문학은 말할 것도 없고 법학이나 경제학 같은 분야는 한자 어휘들이 많이 필요한 학문으로 한자를 잘 아는 사람이 백 배 유리함은 자명하다. 참고로 우리나라 백과사

전의 70% 정도가 한자 어휘라고 한다.(*서울대 이응백 교수)

자녀들의 문해력과 독해력 지도는 무엇이 선행 되어야할까? 영아기 때부터 책 읽어 주기를 권장한다. 초등학교 입학 전후의 책 읽기는 학생의 어휘력 발달에도 지름길이라는 전문가들의 견해다. (*오영석 박사는 〈인재를 만드는 아버지 교육법〉에서 영 · 유아기부터 책읽기를 생활화하라고 조언 한다. 그 결과는 어휘력 뿐만 아니라 인성도 반듯하게 성장한다며 지극히 평범한 일반론을 실천한 인물이다. 현재 아들은 프랑스 디지털부장관 딸을 하원의원을 하고 있다)

필자의 오랜 교직경험도 전술한 오영식 박사의 견해와 별반 다르지 않다. 초등학교에서 독서량이 많은 학생은 수업에 대한 이해력뿐만 아니라 타 교과의 전이가도 높아 공부도 잘 하고 정신세계도 건전한 학생들을 무수히 보아왔다.(*도구교과의 중요성을 시사한다) 독서의 중요성은 누구나 알지만 지속적으로 지도하는 학부모는 생각보다 많지 않은 것 같아 안타까울 뿐이다.

교육과정

교육과정은 이론 상 표면적 교육과정과 잠재적 교육과정으로 나누기도 한다. 표면적 교육과정은 그냥 교육과정이라 칭하며 국가 수준의 초 · 중등 교과과정과 창의적 체험활동으로 나눈다. 교육과정은 교과중심 교육과정, 경험중심 교육과정, 학문중심 교육과정, 인간중심 교육과정이 혼재 한 단일개념이 아닌 복합개념이다. 2015 개정 교육과정에 따르면, 창의적 체험활동은 자율활동, 동아리활동, 봉사활동, 진로활동의 4개 영역으로 구성되어 있다.

- 자율활동 : 자치 · 적응활동, 창의주제활동
- 동아리활동 : 예술 · 체육활동, 학술 · 문화활동, 실습노작활동 청소년 단체활동

• 봉사활동 : 이웃돕기활동, 환경보호활동, 캠페인활동
• 진로활동 : 자기이해활동 진로탐색활동 진로설계활동

전술한 교육과정을 이수하기 위해 수업일수과 유치원은 180일 이상, 초 · 중등학교는 190일 이상 실시하도록 명시되어 있다.(초중등교육법 제24조 제3항)

결론적으로 국가가 요구하는 법정 수업일수 190일만 만족하면 된다. 냉정히 말하면 법정 수업일수만 채우면 교사는 학생 성적에 대해 법적으로 아무런 책임이 없다는 뜻이다. 그 후 학생들의 요구에 따른 개별 학생의 심화학습, 보충학습은 학생 개인별 자유 의사다. 이렇다 보니 공부를 잘 해도 학원을 찾게 되고, 공부를 못 해도 학원을 찾게 되는 '평준화의 역설'을 경험하고 있다.

잠재적 교육과정은 학교의 물리적 조건, 제도 및 행정적 조직, 사회 및 심리적 상황을 통하여 학교에서는 의도한 바 없으나 학교생활을 하는 동안에 학생들이 은연중에 가지게 되는 경험을 말 한다. 표면적 교육과정이 주로 지적知的인 것과, 잠재적 교육과정은 비지적非知的인 정의적인 영역과 관련이 있다. 표면적 교육과정이 주로 의도성, 지적 영역, 교과, 단기성, 교사의 지적知的 기능적 영향과 관련이 있다면, 잠재적 교육과정은 비의도성, 정의적 영역, 학교의 문화풍토, 장기성,

교사의 인격적 영향에 관련이 있다.

이와 같은 양자의 관계는 상보적, 병립적, 표리적 관계에 있다. 자녀들의 교육에서 표면적 교육과정 못지않게 잠재적 교육과정은 매우 중요하다. 어느 면에서는 표면적 교육과정보다 더 중요할 수 있다. '친구 따라 강남 간다' 는 말과 '영어 선생님이 좋다보니 영어 성적이 오른다' 는 학생들의 경험은 다 잠재적 교육과정에 속한다. 왜냐하면 정의적인 영역으로 교사나 친구와의 관계에서 잠재적 교육과정은 폭넓은 교육적 의의를 가지게 된다.

교육과정 운영의 핵심 주체는 교사다

중요한 것은 교육과정의 핵심적 주체는 교사이며, 개발과 운용의 최종적 주체자 또한 교과를 가르치는 교사다. 교사는 기존의 지식을 단순히 전달하는 전달자가 아니라 가르치는 자의 철학과 정신이 깃든 그릇에 지식을 담아 가르친다. 그 그릇이 어떤 것이냐에 따라 가르침이 달랐으며 그릇의 질에 따라 그 속에 담긴 지식의 내용과 질량, 질료도 달라진다. 따라서 그릇은 교사의 철학과 교육관에 의해 다듬어 지고 정련精鍊된다. 무릇 교사들은 교직의 본질 속에 윤리성, 전문성, 공공성, 노동성의 속성이 응축되어 있다.

이러한 교직에 대한 인식은 사회문화적 환경의 영향을 받으며 변화되고 시대 흐름과 역사발전의 과정을 거치면서 교직관이 형성되어 왔다.

교사의 교직관에 따른 영향력은 지대하다

그 중에서 대표적인 교직관은 성직자관, 전문직관, 노동직관, 공직관 등으로 나눈다. 교사들의 교직관에 따라 학생들이 직·간접적으로 받는 영향력은 지대하다. 학생들은 교사를 선택할 수도 없고 교사들의 교직관을 숙명적으로 받아 드려야 하는 것이 현실이다. 이렇다 보니 학생들(학부모)과 교사들과의 교직관의 차이에서 오는 갈등이 해가 더할수록 많아지고 있다.

일선 현장에서 담임교사 아니면 교과 교사를 바꿔 달라는 민원이 심심찮게 제기된다. 이는 전술한 교사의 교직관과 교육과정 운영의 인식 차이에서 오는 갈등 현상이다. 필자가 학교장으로 재직하면서 제기 되었던 민원 가운데 특정 교직관의 교사 기피 현상이 제일 빈도가 많았고 골머리도 아팠다. 전통적 교직관에 익숙한 학부모의 입장에서는 특정 성향의 교사에 대한 배타성이 강할 수밖에 없음을 이해가 되기도 하였다.

두 번째 많은 민원이 교육과정 운영을 엉망으로 한다는 학부모의 항의였다. 이 또한 교사들이 겸허히 받아 드려야 하는 시대 상황이다. 왜냐하면 전통적인 학생, 교사의 관계는 상하관계였지만 지금은 인격적 수평관계이기 때문이다. 학부모는 시대가 바뀌어도 변함없이 교직관의 본질을 높은 도덕성과 전문성을 갖춘 윤리의식을 요구한다. 따라서 "교장선생님!" "우리 반 담임선생님 교체해 주세요" 아니면 "우리 학교 00교과 선생님 바꿔 주세요"이러한 민원이 제기 된다면 경위야 어떠하던 학교장은 난감할 수밖에 없다.

한국교육개발원 '2019 교육 여론조사' 에 의하면,

- 학부모 3명 중 1명이 교사 신뢰 못 한다.
- 교사 신뢰도 5점 만점에 2.78 점.
- 초 · 중 · 고 학부모 97.8%가 사교육 시킨다.
- 교사 자격증은 없지만 현장 경험이 있는 전문가를 교사로 초빙하는 방안에 대해서 56.1%가 찬성했다.(* 현직교사들이 무겁게 받아들여야 할 부분이다.)

공신력 있는 교육부 산하기관의 충격적인 여론조사 결과를 일선 교사들은 어떻게 받아드려야 할까? 따라서 교사들도 이러한 가치관 충돌이 교직문화 변화의 상수常數로 받아 드려야 할 때가 되었다. 필자가 충남 교육 연수원 출강 시 "가르치는 일은 노동이 아니라 펀Fun이다"라고 말하던 젊은 교사를 보면서 우리나라 교육의 희망을 볼 수 있었다. 하지만 통계학적으로 어느 지역이나 집단의 3%는 퇴출 요인이 있다고 한다. 이는 교직사회의 통계도 별반 다르지 않다. 그렇다고 교직사회에서 '신포도 세일' 신세가 되면 곤란하지 않은가?

근육기억

근육기억Muscle Memory은 스포츠학 용어다. 다양한 신체활동에서 지속적인 효율성을 얻으려면 근육이 언제 어디서나 저절로 움직일 때까지 엄청난 연습을 해야 한다는 의미다. 운동 선수가 평소 어마어마한 훈련을 통하여 거의 반사적으로 학습된 대로 작동되는 동작을 말한다. 단순히 기억이 근육에 저장된다는 의미가 아니다.

근육기억은 우리 뇌에 저장이 되서 다양한 근력 동작을 수행할 때 꺼내 쓰는 운동 학습과 반복을 통한 '절차 기억Procedual Memory' 의 한 종류이다. 눈을 감고도 점프 슛을 성공시키는 농구선수, 골프선수의 스윙, 양궁선수들의 10점 만점 모두 하나의 운동 동작을 수행하는 근력의 원리를 엄청난 시간을 거쳐 뇌에 학습시킨 결과다. 이래서 한번 잘못 형성된 근육기억의 교정은 상당히 어려움을 겪는다. 예를 들어 골프 선수의 스윙 자세라든지 모든 종목의 스포츠에서 근육기억이 굳어진 상태에서 근육기억의 교정 즉 자세 교정은 상당이 어려운 이치가 여기에 기인한다.

근육기억을 신장시킨 사례를 보자. 아르헨티나 축구의 전설적 영웅 '마라도나' 는 가슴 트래핑 연습을 하루 5천 번씩 하였다고 한다. 골프의 최경주 선수는 매년 3만 명이 도전해 35명만 통과한다는 PGA미국 남자 프로골프대회 입문 테스트에 주변의 무모하다는 비아냥에도 불구하고 두 번의 도전에 성공하였다. 그 무렵 3만 번의 스윙으로 드라이버 헤드가 깨질 정도였다고 한다.

손흥민 선수의 경우 볼을 다루는 게 먼저라는 부친의 축구철학에 따라 왼발 오른발로 공을 다루는 법과 골문의 여러 각도에서 슛팅 등 지루하고 따분한 기본기 연습만 5년 동안 하였다고 한다. 손흥민 부친의 독특한 훈련법으로 비범하게 기본기의 근육기억을 키웠다고 여겨진다.

김연아 선수의 하루 수 백번의 트리플악셀 등 슈퍼 스타들의 근육기억 훈련은 상상을 초월할 정도다. 최경주 선수의 명언

중에 "골프는 과학이 아니다. 수 많은 경험과 훈련이 두뇌에 저장되고 그것이 체화할 때 비로소 골프가 완성된다고"고 하였다.

지금 이 순간에도 근육기억 훈련을 위해 노력하는 스포츠 스타들과 지망생들이 새겨들어야 할 명언이다.

기억의 편집

우리가 지금 보고 있는 사실이란 것도 보는 이의 지식과 경험에 따른 착각과 편견으로 진실과는 다르게 변형된다고 한다. 이를 '기억의 편집'이라고 한다. 전문가들에 따르면, 우리의 과거 기억도 계속 편집되고 있다고 한다.(김대식 KAIST 교수) 미국의 노스웨스턴 대학 연구팀은 뇌가 과거 기억을 계속 편집한다는 결과를 공개하기도 하였다.

인간이 자신의 기억을 편집하고 또 그것을 잊어버리는 것은 생존본능일 수 있다. 그렇지 않으면 무수히 많은 과거 트라우마에 발목을 잡혀 한 발자국도 앞으로 나아가지 못 하고 정신적 심리적 피폐한 생활을 할 수 밖에 없을 것이다. 우리는 누구나 학창시절의 추억 한두 개는 가지고 있다.

그런데 똑같은 추억을 두고도 나의 시선과 친구의 시선이 다른 곳을 보고 있었다는 것을 우리는 종종 경험하게 된다. 이를테면 친구의 기억과 나의 기억이 너무도 상이할 수 있다.

이러한 현상은 '기억의 편집' 에 기인한다. 책 읽기도 마찬가지이다. 같은 구절을 읽어도 다르게 이해하고, 다르게 느낀다. 읽는 시점이 달라져도 또 다른 의미로 다가 온다. 중요한 것은 왜 이 순간 같은 단어, 같은 문장이 다르게 생각되는가? 그렇다면 나쁜 기억을 지우고 좋은 기억만 남기는 생각수술이 가능해진다면 나쁜 마음은 없애고 좋은 마음만 남기는 것도 가능하지 않을까?

머지않은 장래에 이론 상 과학적으로 기억의 편집도 가능하다고 한다. 하지만 인간이 신의 영역까지는 침범하지 않아야 되지 않을까? 왜냐하면 구약성서에 나오는 바벨탑의 우상[1]처럼 인간의 파멸을 불러 올 것이기 때문이다.

현대 뇌과학 이론에 의하면 기억과 학습을 수면의 주요 기능 중 하나로 본다. 낮에 경험 또는 학습한 정보가 장기 기억에 저장되기 위해선 꼭 잠을 자야 한다. 그것도 7~8시간 정도의 충분한 수면을 말 한다.

---

1) 한 가지 말을 쓰고 있던 바벨로니아 사람들은 제 뜻을 하나로 모아 꼭대기가 하늘에 닿는 탑을 쌓는다. 하나님은 하늘로까지 통하려는 사람들의 오만함과 무모함을 벌하는 데, 본래 하나였던 사람들의 말을 뒤섞어놓아 서로 알아듣지 못하게 한다. 그러자 사람들은 탑을 세우던 일을 그만두고, 온 땅으로 흩어진다는 구약성서 이야기다. 이를테면 신의 영역을 침범하면 신으로부터 가혹한 벌을 받는다는 메시지이다.

밤샘 공부야말로 뇌 과학적으로 볼 때 가장 큰 실수라고 한다. 맷 윌슨 MIT 교수 연구 결과에 따르면, 수면 상태의 신경세포들을 내가 원하는 대로 조작할 수 있는 즉 내가 원하는 정보를 입력할 수 있는 연구를 실험용 쥐를 통하여 확인한 바 있다. 또한 카림 벤처닝 프랑스 국립연구원 CNRS 박사팀이 최근 이런 실험에 기반하여 수면 상태인 뇌의 특정 영역을 잘만 자극하면 미래 행동을 결정할 수 있다는 놀라운 결과를 발표하기도 하였다.

전술한 뇌과학 이론은 장차 있을 수 있는 '생각의 편집' 으로 과학적 성과다. 자녀들의 충분한 수면과 함께 기억의 편집을 잘 활용하기 위한 일들은 무엇이 있을까? 필자의 학생상담 사례 경험에 의하면 기억과 망각도 훈련을 통해서 어느 정도 조절할 수 있다고 본다. 우리의 삶에서 희로애락은 삶의 과정이기도 하다. 인간은 항상 좋은 기억을 살리고 나쁜 기억을 잊거나 치유할 수 있는 심리적, 정신적 능력을 갖고 있다.

흔히들, 좋은 일만 생각하거라! 나쁜 일은 빨리 잊어버려라! 등의 어른들 말씀은 기억의 편집을 통해서 자신에게 좋은 방향으로 해석하라는 어른들의 지혜다. 따라서 기억은 편집될 수 있으니 교육적으로 잘 활용하라는 메시지를 던진다.

다중지능과 MBTI 성격 테스트

미국 하버드대 심리학과 하워드 가드너 교수가 제시한 다중지능 이론을 주목해 보자. 그는 인간에게는 IQ라는 한 가지 지능만이 존재하는 것이 아닌 여러 종류의 지능이 있다고 말하였다. 상술하면 다중지능은 언어지능, 논리수학지능, 공간지능, 자연친화지능, 신체운동지능, 음악지능, 자기성찰지능 그리고 인간 친화 지능으로 총 8가지를 말한다.

다음은 융의 성격 이론을 근거로 한 MBTI 성격 테스트가 있다. 3대에 걸쳐 70년간 연구 된 결과를 바탕으로 한 이 테스트는 학습자의 성격 유형을 다양하게 분류하였다. 세상의 소금형, 임금님 뒤편의 권력형, 예언자형, 과학자형, 백과 사전형, 성인 군자형, 잔다르크형, 아이디어 뱅크형, 수완 좋은 활동가형, 사교적인 유형 스파크형, 발명가형, 사업가형, 친선 도모형, 언변 능숙형, 지도자형 등 총 16가지가 된다.

다중 지능 이론과 성격 테스트가 분류하는 특성들에서 도출되는 가능성은 모두 128가지의 개인적인 요인이 발생한다. 따라서 적어도 128가지의 다른 학습 방법이 존재하며 그것이 올바르게 조합되어야 훌륭한 학업 성취가 가능해질 것이다. 학습에는 정도가 없다. 아니 무궁무진하다.

학습(공부)이라는 것은 우리가 생각하는 것 이상으로 복잡게 이론으로도 설명할 수가 없다. 대한민국 교육계는 항상 뜨겁다. 새로운 교육정책이 나올 때마다 학부모들의 지갑을 열기 위해 갖가지 방법을 접목한 새로운 교육 매커니즘이 각 학원가에 유행성 독감처럼 번진다.

교과서만 공부하여 서울대에 간 학생, 매일 아침 신문을 읽었다는 학생, 어릴 적 영어로 진행되는 피아노나 태권도 학원을 다닌 학생 등 자신만의 방법으로 공부를 하여 성공한 학생이 나온다. 학습방법의 유행은 패션보다도 빠르게 뒤바뀐다. 교육에 관심이 있는 사람이라면 누구든지 의문을 한 번은 가졌을 것이라 생각한다.

학습 방법은 왜 다양한가? 그리고 그 학습 방법은 모두에게 일반화 할 수 없을까? 눈에 보이는 교육현상 가운데 어떤 게 잡음Noise이고, 어떤 게 흐름Trend인지 학부모들는 혼란스러워

한다. 하지만 학업 성취는 유전이나 문화, 환경 뿐 아니라 개인의 성격, 지능, 특성에 영향을 받게 된다. 이는 학습자가 가지고 있는 개인적 요인에 따라서 지능을 습득하는 과정과 그 결과물이 달라질 수 있다는 논리가 성립된다.

그래서 학습방법에는 정도가 없고 학생 수만큼이나 다양하고 개인차가 존재한다. 누군가의 것을 따라 하는 것보다 다중지능과 성격 유형을 조합하여 자녀 교육에 활용하면 상당히 유의미 한 성과가 있을 것이다. (*필자의 경험 : 요즘 성인이 된 자녀들이 웃으며 얘기 한다. "아빠! 우리 학교 다닐 때 아빠가 공부해라 하면 책상에 가 앉아 있었는데, 그때 공부 열심히 하고 있다고 믿었죠?", 사실은 그 시간 꼭 공부만 한 것이 아니라 다른 생각도 하고 있었다는 것이다)

사회적 지능

사회적 지능social intelligence이란? "사회적 상황을 이해하고 그 속에서 적절하게 처신할 수 있는 지식과 기술" 또는 "자기를 둘러싼 인간관계와 사회생활을 이해하고 관리할 수 있는 능력"등을 말한다. '학문적 지능'과 '사회적 지능'을 단순화하면 '공부 잘하는 머리'와 '세상을 잘 살아가는 머리의 구분'으로 말할 수 있다. 학문적 지능과 사회적 지능을 이성적 학습과 직관적 학습으로 대비하여 설명하기도 한다.

미국의 대학수학능력 시험SAT에서 최고 점수를 받았으면서도 사회적 감각과 판단이 부족해 실패한 삶을 살아가는 사람이 있다. 그런가 하면 속칭 SKY대학을 우수한 성적으로 나온 학생들의 삶이 그렇지 않은 대학을 나온 학생보다 인간적 삶이 성공한다는 보장도 없다.

기업인의 예를 들어보자. 경영인으로서 성공하느냐 실패하느냐는 지능지수로 평가되는 학문적 지능보다 일과 다른 사람 그리고 자신을 관리하는 능력으로 제3의 능력(*사회지능)에 의해 좌우된다. 이러한 지식은 구체적으로 설명이 안 되고 직접 가르칠 수도 없다. 그것은 명시적이기보다는 암묵적이다.(*직관의 두 얼굴에서)

우리는 어렸을 때부터, 교육의 중요성을 인지하고 때로는 주변에서 강요받으며 살아왔다. 공부 열심히 해서 좋은 대학 가야 한다. 공부 열심히 해서 좋은 직업 가져야 한다. 당연히 맞는 말이다. 이를테면 공부 열심히 해서(학문적 지능을 높여서) 사회적 성공을 거두라는 말이다. 하지만, 이 말에는 한 가지가 빠져 있다. 바로 "사회적지능"이다.

사람은 자신의 지능을 가지고 성공도 하고 행복한 삶도 영위하지만, 사회적 지능은 자신의 지능만으로 가능하지가 않다. 금상첨화라는 말이 있듯 공부도 잘하고 사회생활도 잘하는 사람으로 성장하기를 바라는 마음은 우리나라 부모님들의 공통적인 만트라(*불교나 힌두교에서 기도 할 때 외우는 呪文)이다. 그렇다면 사회적 지능을 높이기 위한 학생들의 활동은 무엇이 있을까? 필자의 교직경험에 의하면,

첫째, 다양한 독서를 통하여 간접경험과 정신세계의 근육을

키워야 한다.

둘째, 청소년활동 진흥법에 의한 수련활동, 교류활동, 문화활동에 적극 참여시킨다. (*학교와 지자체의 각종활동이 학부모들의 학창 시절과는 비교할 수 없을 정도로 다양하다) 이러한 활동을 통하여 우정, 질서, 극기, 협동심, 인내심, 홀로서기, 상하관계, 토론 등 삶의 비타민이 되는 자양분을 길러야 한다.

셋째, 전국의 명산대천을 순례하며 호연지기를 기른다.

넷째, 각종 체육활동, 악기연주 실력을 기른다.(*민족사관 고등학교는 전교생 1인 1악기, 1인1 운동기능 이수는 필수다)

미국의 카네기 공대 졸업생 1만 명을 조사해서 사회적으로 성공한 사람들을 조사하였더니 '머리가 좋고 명석한 사람'은 15%에 불과한 반면 '대인관계가 원만하고 좋은 사람'은 성공률이 무려 85%였다고 한다. 이 세상 성공한 사람들의 공통점은 IQ보다 사회적 지능이 탁월한 사람이 훨씬 더 많다.

꿈으로 가는 길은 사다리가 아니라 경력과 경험들이 엮인 정글짐에 가깝다고 하였다.(소설가 백영옥) 자녀들이 사회적 지능이 결여된 백면서생白面書生:글만 읽고 세상 일에는 경험이 없는 사람이라면 곤란하지 않은가?

신바레이션 학습문화

오승은[2] 박사는 '재미' 와 '즐거움의 공부' 를 말하는 데, 우리나라 학생들은 '신바람' 즉 '신명' 이 났다하면 자신의 능력을 100%, 아니 200% 발휘한다고 하였다. 아인슈타인의 상대성 원리를 설명하면서 "미녀와 함께 있는 1시간은 1분 같고, 뜨거운 난로 위의 1분은 1시간 같다"고 설명한다. 약간 비약하면 BTS 공연 정도의 기대감과 즐거움으로 비견되는 '신바레이션 학습문화' 의 맹아萌芽가 착근할 수 있는 풍토가 조성되어야 할 것이다. 하지만 신바람만으로 공부를 하다보면 원칙이 흐려지고 무질서해지기 십상이다. 그래서 우리나라의 신바람

2) 1998년 11월 대학수학능력시험에서 만점 (400점)을 받은 서울 한성과학고의 오승은(여)은 서울대 물리학과에 입학, 3년 6개월 만에 대학 졸업, 2003년 미국 매사추세츠공대(MIT)로 유학을 떠났다. 오승은의 '오답노트'로 유명하다.

synbaram과 서구의 합리성rational을 접목하여 신바레이션syn-baration 학습 문화를 만들어야 한다.

우리나라 교사 역량은 OECD 24개국 중 17위, 언어 14위로 나왔다.(미국 브루킹 연구소 2011~2012 '국제 성인 역량 조사') 하지만 두 영역 모두에서 핀란드 교사 1위, 일본 2위로 조사 되었다. 반면, 우리나라 교사는 인재 5%, 핀란드 20%, 싱가폴 30%다. 대단히 우수 인력이다. 이러한 우수 인력을 보유하고도 공교육의 붕괴, 교실 황폐화 등의 현실은 한 마디로 '구성의 오류' 이다.

복잡계 이론으로도 설명할 수 없는 우리나라 교육문제를 '신바람 학습문화' 로 해결해 보자. 이제 공교육의 나아갈 방향은 '언덕 위의 구름' 이 아니라 구름을 타고 날아야 한다. 스타 강사가 없는데 사교육의 억대 강사를 이길 수 있을까?

해법은 팀워크에 있다. 학교에서 신바람 나는 팀워크를 다지면서 동시에 교사 개개인의 합리성과 교육 전문가로서의 역량을 계발할 수 있는 환경을 조성해 주면 된다. 학교에서 신바레이션 문화의 키워드는 '집단지성' 과 '신뢰' 이다. 학교장은 교사들의 집단지성과 신뢰를 믿어 보자. 믿고 맡기는 신뢰는 교사들도 신바람 나게 학생들을 가르칠 수 있다. 사람은 권한이 부여될수록 더 큰 책임감을 가지고 더 정직하게 더 열심히 일하게 마련이다.

철강왕 카네기의 말을 들어보자. 평균적인 사람은 자신의 일에 자신이 가진 역량과 에너지를 25%만 투여하지만, 세상은 능력의 50%를 자신의 직무에 쏟아 붓는 사람들에게 경의를 표하고, 100%를 투여하는 극히 드문 사람들에게 머리를 조아린다고 한다. 이렇듯 어느 조직이든 역량의 극대화를 위한 전략이 필요하다.

'코이' 라는 잉어가 있다. 이 잉어는 작은 수족관에 넣어 두면 3인치까지밖에 자라지 않지만 조금 더 큰 수족관이나 연못에 넣어두면 약 10인치까지 자라고, 깊고 넓은 강 속에서는 48인치까지 자란다고 한다. 학생들의 잠재능력은 무한하다. 여기에는 교사의 열정과 상당한 상관관계가 있다. 더불어 교육학은 과학이지만 교육은 문화다. 더불어 학부모의 교원평가는 단위학교에 훌륭한 멘토를 시사할 것이며 동시에 다채로운 세계를 비추는 프리즘이 될 것이다.

사회적 소음이 다소 있기는 해도 학부모의 교원평가에 대한 정밀진단이 되었으니 만시지탄의 감이 있지만 아주 다행스런 일이다. 이제는 호시우보虎視牛步의 자세로 교단풍토를 한 단계 향상시키는 일만 남아있다. 몇 년 전 문화관광부는 자장면, 태극기, 무궁화, 김치, 비빔밥 등 '한국 100대 민족 문화 상징'을 발표하였다. 여기에 우리나라 '학부모의 교육열' (?)을 포함시켜야 할 것 같다.

이유는 신바레이션 문화와 학부모의 교육열이 결합한 시너지 효과는 엄청난 에너지로 작용할 것이기 때문이다. 따라서 단위 학교가 교육의 시장성(교육 수요자)을 타진하는 '안테나숍' 이 되는 세상이 도래하였다.

이제부터 신바레이션 문화의 착근으로 한국의 모든 학교가 르네상스를 맞는 계기를 만들어야 함은 선택의 여지가 없다. 교원사회의 역린逆鱗을 건드리는 말이 될지 몰라도 장차 무사안일과 무능의 굴레를 안고 퇴출의 쓴 잔을 마시는 교원도 있을 수 있음은 시대정신의 상수로 작용할 것이다.

앨빈 토플러의 통타(痛打)

앨빈 토플러는『제3의 물결』에서「인류는 인체를 사전에 설계」하고「기계를 재배」하며「두뇌를 화학적으로 프로그램화」하고「영양생식」을 통해 인체를 똑같이 복사하여 새로운 생명체를 창조해 낼 수 있을 것이라고 예언을 했다. DNA재합성 방법이 발견되지 않았던 그 당시(1973이전)에는 이러한 예측을 공상과학 소설에나 있을 내용이라 믿고 있었다.

과학 평론가 리치 캘터는「인간이 종전에 플라스틱이나 금속을 다루던 것처럼 지금은 생명 있는 물질을 제조하고 있다」고 말한다. 최근에는 뉴욕 타임즈가「한국은 SF가 현실이 된다」고 하면서 한국은 공상과학 소설에 나올법한 내용이 현실이 되고 있다고 보도하였다.

이를 스티븐 코비 박사는 '지식근로자 시대'의 '지식 기반 사회라' 하였고, MIT 대학의 앤드루 맥아피 교수는 '제2의 기계 시대The Second Machine Age'라 칭하였으며, 〈일의 미래〉 저자인 제이컵 모건은 '지식 노동자'의 시대에서 '학습 노동자'의 시대라 하였다. 보스턴 컨설팅 그룹은 2015년 보고서를 통해 '이런 변화는 로봇과 인공지능 빅 데이터가 중심을 차지하게 될 것'이라고 예측했다.

4차 산업혁명이 성큼 다가왔음을 알 수 있다. 뉴욕대 연구에 의하면 현존하는 직업의 1/4은 25년 전에는 없었던 직종이며, 향후 25년 후에는 현존하는 직업의 약1/2정도가 새로 생기거나 직무내용이 달라질 것이라 예측하고 있다. 이렇게 급변하는 환경에 적응하기 위해서는 '존속성 혁신'이 아닌 '창조적(파괴적) 혁신'이 요구된다. 그렇지 않으면 세계 문명사에서 도태될 수밖에 없다.

디지털 흐름을 읽지 못 하고 아날로그에 집착하다 망한 코닥은 기존 고객이 원하는 '존속성 기술'에 사로잡혀 새 고객이 요구하는 '와해성 기술'을 간과하다 소멸되었다. 직원 20만명의 코닥을 몰락시킨 신생기업 '인스타그램'을 페이스 북이 인수할 때 직원이 단 13명이었다고 한다.

우리나라 교육계에 던지는 물음은 자명하다. "마누라와 자식 빼고 다 바꿔라." 이 말은 1993년 6월 이건희 삼성회장이 독일 프랑크푸르트로 계열사 사장단 등 간부 2백 여명을 불러 모아 놓고 한 말이다. 그는 "국제화 시대에 변하지 않으면 영원히 2류나 2.5류가 될 것이다. 지금처럼 잘해 봐야 1.5류"라며 대대적인 혁신을 주문했다. 훗날 '프랑크푸르트 선언'으로 알려진 이 회장의 발언은 당시 우리사회에 큰 울림을 주기에 충분하였다.

현재 우리나라 교육환경은 사교육이든 공교육이든 기울어진 사탑斜塔처럼 위태롭기 그지없다. 따라서 교육계에 이건희 회장이 말한 자기 혁신이 수반된다면 삼각산이 춤을 추고 한강물이 용솟음칠 것이다. 반대로 교사들이 현실에 안주하다보면 지팡이 잃은 장님 신세가 될 것임은 자명하다. 미국에서도 하버드대 졸업장의 가치는 딱 4년이라고 한다. AI인공지능과 4차 산업혁명을 선도할 일선 교사들의 '배니스터 효과'[3]를 기대해 본다.

---

3) 생각이 바뀌면 결과도 달라지는 현상

영재교육

학생들을 보면 읽기 능력, 이해력, 비상한 기억력 등에서 뛰어나거나 풍부한 상상력과 창의적인 특성을 보이는 학생을 종종 볼 수 있다. 이들을 흔히 영재Gifted라 부른다. 이러한 학생들은 보통 학생들과는 다른 교육 프로그램을 필요로 한다. 교육의 중요한 목적이 개개인이 가지고 있는 잠재력을 발견하여 그 능력을 극대화시키는 것이라 할 때, 특별한 능력을 지닌 영재학생에 대한 이해와 지원은 어쩌면 지극히 당연할 수도 있다.

학자들에 따른 영재의 정의를 알아보자. Terman은 영재학생들이 성적이 우수하다는 점 외에 다음과 같은 특성이 있다고 하였다.

– 연령에 따른 자신의 역할에 잘 적응한다.

– 매우 뛰어난 성취 수준을 보이고 보다 쉽게 학습한다.

– 많은 취미 생활을 즐긴다.

– 많은 책을 즐겨 읽는다.

– 신체적으로 매우 건강하다.

Renzulli는,

첫째, 평균 이상의 능력

둘째, 높은 과제 집착력

셋째, 높은 수준의 창의성을 영재성으로 보았다.

세 가지 영역에서 모두 상위 15%안에 들면서 그중 한 가지는 상위 2%안에 들어야 한다" 고 영재의 범위를 포괄적으로 규정하였다. 미국에서 제정된 영재아 법률을 보면 다음과 같다.(1978년) 영재성과 재능이 있는 아동이란 취학 전, 초등학교, 중학교 수준에서 지적, 창의적, 특정 학문, 지도성 등의 영역에서 혹은 수행능력이나 시각예술 등에서 높은 능력을 보이는 외현적 능력이나 잠재적 능력을 소유하고 있는 아동을 말한다고 포괄적으로 정의하였다.

우리나라도 영재교육 진흥법(2000.1.28.) 제정에 따라 영재교육원, 영재학교, 영재학급의 체계로 운영되고 있다.

첫째, 영재교육원은 설치 기관에 따라 크게 교육청 부설 영재교육원과 대학 부설 영재교육원으로 나뉜다. 전국 17개 시 · 도교육청이 운영하는 영재교육원 256곳, 대학부설 영재교육원 80곳, 국가 지정 영재교육원은 27곳이 있다. 전국의 영재교육 대상자는 10만 6,138명(2018년)으로 전체 초 · 중등 학생수의 1.9%에 해당한다.

둘째, 영재학교는 전국에 총 8개교가 있다. 우리나라 최초의 과학영재학교는 과학기술정보통신부 소속의 카이스트 부설 한국과학영재학교로 유일하게 전국 단위 모집을 한다. 나머지 영재학교는 전국 중2+중3 인원 91만명 중 약 860명 가량이 합격하는 학교이므로 전국 상위 0.094%인 학생들이 진학하는 곳이다.

셋째, 영재학급은 단위학교 영재학급과 지역공동(5~10개교) 영재학급으로 운영되고 있다. 일주일에 2~4시간 정도 과학 수학을 운영하고 20명 내외로 편성한다. 기타 수월성 교육으로 자율형사립고, 특수목적고(외국어고, 국제고)가 있다. 한데, 당 · 정 · 청은 자사고와 특목고를 2025년 폐교 후 일반고로 일관 전환한다고 발표하였다.(2019년 10월) 교육은 '단기적 시장 상품이 아니라 장기적 공공재' 인데 수월성 교육의 공급 수원지水源池가 매몰 될 위기에 처해 있다.

영재교육은 세계 모든 나라가 국가 전략산업으로 육성하고 있으며, 심지어 북한도 영재교육을 심도 있게 시행하고 있다고 한다. 80년대 양평군 제자 J군은 전술한 영재성에 독서량이 상상을 초월할 정도였다. 중학교 재학 중 영재교육을 시킬 교사가 없어 사교육에 의존 할 정도였다. 그 후 경기과학 고등학교를 거쳐 포스텍에서 월반 하였다. 중요한 것은 초등학교의 독서량이 영재성을 극대화 시킨 사례다. 독서교육은 아무리 강조하여도 지나치지 않음은 시사한다. (*영국 속담에도 '책을 읽는 사람은 소크라테스를 닮고, 책을 읽지 않는 사람은 바크셔(돼지품종)를 닮는다' 고 하였다)

인지적 구두쇠

기본적으로 생각을 많이 안하려고 하는 고정관념이다. 인간은 본능적으로 인지적 에너지를 많이 소비하면서 어떤 생각을 깊게 하는 것을 싫어한다고 한다. 단순화하면 정신적 에너지를 아끼며 인지적 부담을 줄이려 노력하거나 간단한 단서에 의해 쉽게 판단하려고 하는 경향을 말 한다. 이를 인지적 구두쇠라 한다.

우리가 정확한 판단을 내리기 위해서는 모든 정보를 탐색하고 수집하고 추론하고 결정하는 과정 등을 거쳐야 한다. 하지만 대부분의 사람들은 위와 같은 과정을 생략하려 한다. 이유는 번거롭다고 생각하기 때문이다. 특히 인지적 구두쇠 행위의 대표적인 예로 고정관념이나 편견을 들 수 있다.(*자신의 과거 경험에 의한 확신이 강하기 때문이다) 이 같은 인지적 구두쇠는 판단의 오류와 실수를 범할 가능성이 많다.

삼성이 해외에 공장을 지을 때 매뉴얼이 5백 여 가지의 항목을 체크한다고 한다. 하물며 자녀들의 진로를 결정하는 일에 학교 선생님 아니면 학원 강사 등에게만 맡길 일은 아니라고 본다. 앞날이 구 만리인 자녀들의 진로에서 학부모로서 인지적 구두쇠가 되어서는 절대로 안 된다고 본다. 다양한 계층의 전문가와 상담이 필요하다.

물론 교사가 지나치듯 던지는 한 마디가 학생 진로에 지대한 영향을 미치는 것은 사실이다. 하지만 적어도 오늘날의 학부모는 더 과학적이고 정교한 판단자료를 요구 받는다.

정주영 회장의 회고록 〈이 땅에 태어나서〉에 보면, "시간은 누구에게나 평등하게 주어지는 자본금이라는 말을 한 사람이 있다. 나는 이 자본금을 열심히 잘 활용했던 사람 중의 한 사람일 뿐이다. 이 나라를 책임질 젊은이들을 일깨워 주고 싶다"고 하였다. 옛말에 '자식 농사 잘 못 지으면 평생 후회 한다"는 말은 학부모들에게 시사하는 바가 지대하다.

우리나라 교육정책이 장기적 안목보다는 정치적 동기에 의하여 수시로 바뀌는데 문제가 깊다.(*대통령 말 한 마디에 수시 정시 비율이 고무줄처럼 춤춘다) 학부모들은 출발선에 선 육상 선수처럼 심호흡을 하며 상황 판단을 잘 해야 한다. 왜냐하면 귀여운 자녀들의 교육 문제이기 때문이다. 필자는 '용의 씨는 고르게 뿌려진다' 는 가설을 믿는 사람 중의 한 명이다. 학부모들의 인지적 구두쇠로 인하여 자녀들 교육의 우愚를 범하면 되겠는가?

2부. 노을

- 고르디우스의 매듭
- 라면과 360° 교육
- 바넘효과
- 보바리즘
- 보이텔스 바흐 협약
- 시간적 가치 비대칭 이론
- 오크(Oak) 학교
- 윌리엄스 증후군
- 윔블던 효과(Wimbledom effect)
- '트롤리 딜레마'와 '육교 딜레마'
- 호손공장 실험

고르디우스의 매듭

프리기아의 수도 고르디움에는 고르디우스의 전차가 있었고, 그 전차에는 매우 복잡하게 얽히고 설킨 매듭이 달려 있었다고 한다. 그 매듭은 아시아를 정복하는 사람만이 풀 수 있다고 전해지고 있었다. 그런데 알렉산드로스가 그 지역을 지나가던 중 그 얘기를 듣고 칼로 매듭을 끊어버렸다고 한다. 고르디우스의 매듭은 알렉산드로스 대왕이 칼로 잘랐다고 하는 전설 속의 매듭이다. '대담한 방법을 써야만 풀 수 있는 문제' 라는 뜻의 속담으로 쓰이고 있다.

고르디우스의 매듭을 푼 사례

현대 그룹을 창업한 정주영 회장을 들 수 있다.

첫째, 부남호(1021ha) 서산A · B지구 간척사업 방조제 최종 물막이 공사 때는 유속이 빨라 10t이 넘는 바위도 쓸려나갔다고 한다. 그때 고안된 공법이 세계 토목 사상 유례가 없는 유조선 공법이다. 방조제 사이를 유조선으로 가로막고 유조선 탱크에 바닷물을 넣어 바닥에 가라앉힌 뒤 공사를 진행했다. 고故 정주영 회장이 고안한 공법으로 '정주영 공법' 이라고도 한다.

둘째, 한겨울 부산 유엔군 묘지에 잔디를 자라게 해달라는 미군의 요청을 받고 겨울을 나는 보리순을 옮겨 심어 공터를 푸르게 보이도록 하였다.

셋째, 국산차 포니 모델을 뚝심으로 개발하고 당시 거북선이 그려진 5백원짜리 지폐와 허허갯벌이 찍힌 울산만의 사진 한 장으로 배를 주문 받아와 현대조선소를 만들었던 일화는 너무나 유명한 발상의 전환이다.

떨어지지 않는 사과의 예

1991년 가을 연이은 태풍으로 일본 아오모리 현의 사과가 90% 이상 떨어졌다. 대부분의 농민은 넋을 잃고 실의에 빠졌지만, 이 때 결코 절망하지 않고 남들과 전혀 다른 발상으로 성공한 사람이 있었다. 그는 떨어진 사과에 미련을 두지 않고, 나머지 10%의 사과를 '떨어지지 않는 사과' 라는 이름으로 수험생들에게 팔아 보기로 했다.(*우리나라에도 현대자동차의 소나타 뒤에

S자를 떼어서 수험생들이 갖고 있으면 S대 간다는 속설을 믿고 차 뒤의 S자가 수난 당하던 시절이 있었다)

이 엉뚱한 시도는 일반 사과 가격의 열 배 이상 비싼데도 날개 돋힌듯이 팔려 나갔다. '떨어지지 않는 사과' 라는 이름 때문에 수험생들에게 폭발적인 사랑을 받았다고 한다. 땅바닥에 떨어진 90%의 절망을 보지 않고 떨어지지 않은 10%의 희망을 바라보는 눈, 어려운 상황에서도 긍정적인 눈으로 창의성을 발휘한다면 인생과 비즈니스에서 성공하는 비결이다. 우리는 두 종류의 유리를 통해 세상을 본다. 하나는 거울이고, 또 하나는 창문이다. 거울이 자아를 바라보는 것이라면, 창문은 타인을 통해 나를 바라보는 통로다. 사물을 사통팔달에서 보아야 현명한 고르디우스의 매듭을 끊을 수 있는 지혜를 얻을 수 있다.

경제학에서 인적자원을 '궁극적 자원' 이라고 부른다. 한데, 스위스 경영개발원(2018)의 보고에 따르면 우리나라 대학교육 이수율은 세계4위 수준이다. 반면 대학교육의 사회 · 경제적 요구 부합도는 55개국 중 53위다. 인적자원 배분 왜곡으로 이는 사회적 손실로 이어진다. 세계경제 포럼 ' 직업의 미래 보고서' (2016)에 의하면 올 해 초등학교 입학한 7세 어린이 65%가 20년 뒤 현존하지 않는 일을 한다고 예측하였다.

늦었지만 우리나라 교육의 고르디우스 매듭을 끊을 때가 되었다.

라면과 360° 교육

가히 인스턴트 식품의 전성 시대다. 그 중 대표적인 식품을 들라면 단연 라면일 것이다. 라면은 “추억으로 먹고, 맛으로 먹고, 배고파서 먹는다”고 한다. 그 맛은 추억이요, 그리움이다.

이렇다 보니 음식 고유의 손맛은 사라지고 동물 사료처럼 규격화, 표준화 되어 가고 있다. 가공 식품에 길들여진 입맛은 어느 새 ‘회복 탄력성’을 잃은 지 오래 되었다. 이렇게 불가역적不可逆的인 입맛은 돌아올 수 없는 것일까? 뇌기능의 ‘인지적 오류’인가? 아니면 ‘타감작용他感作用 · Allelopathy’인가?

라면처럼 규격화 표준화된 맛이 다양한 손맛으로 바뀌어야 되듯 교육의 방향이 손맛 교육으로 바뀌어야 한다. 이는 당위이자 시대정신이다.

"이 세상 맛 있는 음식의 가짓수는 이 세상 어머니 수 만큼이다" 라는 말이 있다. 이렇듯 옛날 시골 아낙네들의 장맛은 집집마다 제각각 독특한 맛이 있었다. 아니 지금도 집에서 담그는 고추장과 된장은 그러하다. 하지만 시중의 장맛은 상품으로 규격화 표준화하다 보니 단색의 맛밖에 안 난다.

교육도 단색의 라면 맛과 유사하면 곤란하다. 무릇 교육의 다양성을 말하며 정작 현장에서는 라면 맛처럼 다양성이 무시되고 단순화 규격화 획일화 한다. 학습의 형태는 교사 수만큼이나 다양한데 현재 진보 교육감은 '혁신교육' 을 한 방향으로 강제하려 한다.

대단한 아이러니다. 이를테면 360명의 학생을 한 방향으로 뛰게 하면 1등은 한 명 밖에 안 되지만 360도로 뛰게 하면 360명 모두가 1등을 할 수 있다. 여기에 우리나라 교육의 방점이 있어야 한다. 한데 지금은 학생마다 다양한 재주와 역량을 무시하고 한 방향의 가치로 설정하다 보니 교육적 역기능이 심각하다.

우리나라의 교육제도는 해방 후 크게는 16번, 작은 제도까지는 35번 정도 바뀌었다. 선진국의 대학입시 제도처럼 일관성을 유지하는 것이 바람직하다. 대학입학 진학률이 80% 정도 되다 보니 학부모의 오도된 교육열과 과열이 빚은 결과라 사료된다.

여러 가지 복합적으로 작용된 결과라서 명쾌한 해결은 어렵겠지만 학부모와 사회적 합의를 토대로 시급한 개선이 필요하다. 현 상황을 비판만 하고 있을 시간이 없다.

백지에 그림을 그리려 할 때와 이미 그려진 그림을 고칠 때의 붓놀림이 다른 것처럼 접근을 해야 한다. 그래야 시행착오를 최소화 할 수 있고 작가(교사)가 원하는 방향으로 나아갈 수 있다.

유능한 셰프는 대형 공장의 부속품처럼 기능하지 않는다. 제자 A는 초등학교 5학년 때의 학과 성적은 하위권이었다. 하지만 음식 요리 실습 시간에는 남다른 소질을 보였는데 지금은 유명호텔 요리사로 행복한 삶을 살아가고 있다. 그 제자가 다른 직업을 갖기 위해 다른 방향에서 노력을 하였다면 아마도 지금 같은 위치에 있었을까?

과연 그의 삶은 지금보다 더 행복할까? 일반론이지만 사람은 자기의 소질과 취미가 맞는 직업을 가질 때 가장 행복도가 높게 나온다. 라면 맛처럼 한 방향보다 손맛처럼 다양한 교육 즉, 360도 교육은 교육이 나아가야 할 방향이자 길이다.

바넘효과

사람들은 누구나 일반적으로 가지고 있는 특성이 자신의 성격인양 묘사되면 이를 자기 혼자만의 특성으로 믿는 심리적 경향이 있다고 한다. 예를 들면, 누구에게나 해당되는 일반적인 성격 특성을 자신에게만 해당되는 특성으로 받아들이는 심리상태를 일컫는다. 이를 바넘효과Barnum effect 또는 포러 효과Forer effect라고 말한다.

학생들은 어른들이나 선생님들이 무심코 던지는 칭찬이나 덕담의 한 마디가 듣는 그들로 하여금 자신에게만 해당되는 사실이라고 믿는 경향이 있다. 이를테면 청소년들에게 "시인의 소질을 갖추고 있다", "과학자가 될 가능성이 많다" "어쩌면 그림을 잘 그릴 수 있나?" 등의 일반적인 덕담을 하게 되면 청소년들은 그 말을 대단히 신뢰하게 된다는 이론이다. 이러한 효과는 종교와 점성술, 운세 판단, 혈액형과 성격론 등에서 광범위 하게 활용하고 인용한다. 점쟁이, 관상가들이 돈벌이 수단으로 가장 많이 활용한다고 볼 수 있다. 어느 면에서는 비과학적인 면도 있지만 교육적으로 잘만 활용하면 순기능이 아주 많다.

충남 시골의 모 초등학교에서 6학년 A군의 사례다. 급우들과 잘 어울리고 노래도 꽤나 잘 불렀다. 기회 있을 때마다 과장하여 "음감이 좋다", "박자감이 좋다" 등 항상 칭찬을 아끼지 않았다. 필자의 아마추어 관상학까지 동원하여 인상이 어떠하고 성격이 어떠하여 장차 음악 선생님하면 좋을 것 같다고 하였다. 이 학생은 필자의 관상학 식견(?)을 믿었던 모양이다. 지금은 A고등학교 음악선생으로 재직하고 있다.

사회생활에서도 상대방에게 관상학적으로 재물에 복이 있다고 하던지 아니면 관상이 출세할 상이라고 해보았을 때의 예후를 보자. 아마 꿈보다 해몽이라고 당사자는 싫지 않은 표정과 잔상으로 인한 상당히 좋은 쪽으로 살아갈 것이다. 불확실성의 시대라서 그런지 대학가에 사주 카페와 타로점이 성업 중이라 한다. 좋은 현상은 아닌듯하여 뒷맛은 개운치는 않다.

필자의 상사였던 류모 교장선생님은 딸이 셋이었는데 초등학교 때부터 자녀들이 학교에서 각종 상을 받아 오면 코팅하여 거실의 잘 보이는 곳에 걸어 놓았다고 한다.

집에 오는 손님마다 "오! 00 글짓기 상 받았네!" "오! 00 과학상 받았네!" "오! 00 선행상 받았네!"라고 손님들이 덕담과 칭찬을 겸하여 하였더니 자녀들의 예후 행동은 상당히 교육적으로 효과가 좋았다고 한다. 그 분은 딸 셋이 생활지도 및 학습에 대하여 큰 걱정 없이 성장시켰고 그 후 원하는 대학에 진학하여 행복한 가정생활을 꾸리고 있다.

자녀 교육에 이보다 더 좋은 교육 방법은 없다면서 실천할 것을 권하였다. 역시 어른이나 어린 학생들은 자신에게 듣기 좋은 말에는 신명이 나고 기분이 좋아지는 것은 동서고금의 진리인가 보다. 오늘도 자녀들에게 일반론으로 칭찬을 해 보기를 권한다.

그들은 그 말을 자신만의 특성으로 받아들이기 때문이다. 아들아! "너는 과학자가 될 것이다." 우리 집 공주야! "너는 논리적이라서 장차 법률가가 될 거야!" '칭찬과 격려가 질책보다 낫다' 는 교육 심리학을 귀여운 자녀들에게 적용해 보자. 그 후 자녀들은 '자성예언' [1]의 순기능을 극대화해 보기를 권한다.

---

1) 학습자의 학습 수준이 교사가 기대하는 수준에 부합하는 현상을 말한다. 즉 특정인에 대한 기대가 그의 행동을 규정하게 되는 현상을 일컫는 말이다. 이를테면 사람은 윗사람이나 동료가 믿고 기대하는 바에 따라 행동하게 되고 그러한 행동의 결과로 믿고 타인이 기대했던 바가 현실로 나타나게 되는 경우를 말 한다.

보바리즘

인간이 자신의 환영幻影을 좇아 자기를 속이고 자기를 실제와는 다른, 분수 이상의 존재로 생각하는 정신 작용. 프랑스의 철학자 고티에가 소설 〈보바리 부인〉의 여주인공의 성격에서 따서 지은 말이 보바리즘Bovarysme이다. '스스로를 있는 그대로의 자신과 다르게 상상하는 기능' 을 말 한다. 현실적 자아가 이상적 자아를 제어하지 못 하고 결국 현실의 덫에 치여 파멸하는 '과대망상적 자아' 를 일컫는다. 특히 일부 신경질적인 젊은이들에게서 발견되는 감정적 불만족스러운 상태를 일컫는다.

오늘날 '과대 망상' 또는 '자기환상' 등으로 그 뜻이 일반화되었다. 소설 속의 보바리 부인은 소녀시절 읽은 낭만적인 소설로 인해 허구의 세계를 현실로 착각한다. 자신의 삶도 소설처럼 아름답고 멋진 세계로 만들고자 하였다. 하지만 현실은 그녀의 꿈을 끊임없이 배반한다.

결혼, 출산, 불륜의 과정에서 어느 것도 그녀의 열망을 충족시키지 못 하였다. 일상의 탈출을 위해 불륜마저 진부해지자 낭비벽에 빠져 경제적 파탄에 이르고 결국 음독자살로 생을 마감한다. 인간의 꿈은 희망이요 성취동기 유발 기제로서 크게 가질수록 좋다. 특히 청소년들의 꿈은 개인적으로나 사회적으로 매우 고무되고 찬양되어 마땅하다. 하지만 '보바리즘' 이어서는 곤란하다.

그렇다면 자녀들의 꿈을 이루기 위해서 학부모들의 조력은 무엇이 있을까? 자녀들의 장래를 비만 오기를 기다리는 '천수답天水畓' 이어서도 곤란하지만 '보바리즘' 이어도 곤란하다. 자녀들 스스로 앞날을 개척하는 힘은 독서와 다양한 체험학습이 삶의 자양분이 될 수 있다. 주요 일간지의 칼럼과 사설을 탐독하다보면 학생 스스로 앞날을 내다보는 혜안이 생긴다는 필자의 경험칙이다. 왜냐하면 칼럼과 사설은 그 분야 전문가들이 쓰는 글이다 보니 무게가 가볍지 않기 때문이다.

이 뿐만 아니라 주변 전문가들의 멘토는 청소년들의 꿈 성장에 좋은 자양분으로 작용한다. 고용노동부 통계에 의하면 우리나라의 직업의 종류는 1만 4천여 가지라고 한다. 하지만 모두 다 경험하고 체험할 수는 없지 않은가.

따라서 부모님의 조력이 디딤돌이 되어야지 걸림돌이 된다면 이는 이유여하를 막론하고 부모의 책임이다. “이 세상 부모 마음에 100% 만족되는 자식도 드물고, 상사의 마음에 100%만족하는 부하직원도 드물다”고 한다.

꿈! 꿈은 이상과 현실의 세계를 넘나든다. 하지만 꿈 성장에 부모님 바람대로 호박에 줄 긋는다고 수박이 되지 않고, 몸에 좋다는 건 다 거둬 먹였지만 뱀과 자라가 운명을 바꿀 수는 없다. 어디까지나 진로를 위해 본인 스스로 갈고 닦는 천착穿鑿 : 뜻 깊이 살펴 연구함과 신독愼獨 : 남이 보지 않는 곳에서도 스스로 몸 조심하는 일이 자신의 운명을 결정할 것이다.

보이텔스 바흐 협약

보이텔스 바흐 협약은 1976년 독일통일 이전 바덴-뷔르템베르크 주州에서 보수와 진보 등 정치적 입장을 달리하는 서독의 정치교육 학자들이 모여 만든 교육지침이다. 처음에는 학생들에 대한 정치교육의 수업지침으로 채택되었다. 그러나 현재는 모든 독일 국민을 대상으로 확대 적용되면서 독일 정치교육의 헌법으로 여겨지고 있다.(*독일 국민도 진보 보수의 극심한 이념 갈등이 있었다고 한다)

동 협약에서는 정치교육의 3가지 원칙을 제시하였다.

첫째, 교사의 주관적 신념이나 특정이념을 학생들에게 강요해서는 안 되게 일방적인 주입식 교화 교육을 못 하게 하였다. 이는 교사들의 성향이 진보, 보수를 막론하고 학생들의 독립적인 판단에 영향을 주어서는 안 되며, 학생들도 사회 현상과 미디어를 통하여 습득되는 정보가 있기 때문이다.

둘째, 학문과 정치에서 일어나는 논쟁을 교육에서도 그대로 재현하고, 학생들도 사회에서 어떤 논쟁이 벌어지는지 알고 있으므로 정보를 가능한 모으고 분석하여 자신 만의 정치적 견해를 가질 수 있도록 돕는다.

셋째 학생들이 정치적 상황과 자신들의 이해관계를 제대로 이해하고 그에 따라 정치적인 행위 능력을 기르게끔 해야 한다는 것을 제시하고 있다. 따라서 이를 통해 학생은 자신의 이익을 고려하여 특정 정치적 입장을 수용하고 가치관을 형성할 수 있도록 하였다. 학생들은 다양한 정치적 입장들을 판단하는 데 필요한 기본적인 준거를 자신의 경험에 기초하여 자연스럽게 판단할 수 있도록 교사는 도와주는 역할만 하면 된다.

올 해부터 선거연령이 18세로 하향된 선거법이 시행된다. 고등학교 3학년 학생들에게 투표권이 부여되는데 우려하는 목소리에 대한 해결책은 없을까?

첫째, 현재의 6+3+3 초 · 중등 학제를 바꾸던가 또는 초등학교 입학 연령을 5세로 하여 현재 고등학교 3학년을 졸업한 후에 투표권을 부여하도록 한다.

둘째, 학생들을 이념의 싸움터에 방치시키지 말고 전술한 한국형 보이텔스 협약을 맺는다.

셋째, 교사들의 정치적 견해가 학생들에게 주입되지 않도록 위반교사에 대한 무거운 징계 조항을 신설한다. 전술한 내용이 전제되지 않으면 제2의 인헌고 사태와 여수 기간제 한문교사 사태가 언제든 재연될 수 있다. (*인헌고등학교 학생수호연합(학수연)이라는 단체 이름을 내걸고 최00, 김00군이 기자회견을 했다. 이들은 "인헌고에서 현 정권에 대한 비판적 시각은 절대 용납되지 않는다"며 "학생들은 정치적 노리개가 아니다"라고 주장했다. 그러면서 일부 교사들의 '사상 독재' 사례를 공개하였다. *여수의 한 고등학교 기간제 한문교사인 A씨가 지난 3일 2학년 기말고사 시험문제로 '조국 전 법무부 장관이 후보자일 때 인사청문회에서 자신을 비판한 금태섭 더불어민주당 의원에게 느꼈을 감정'을 사자성어로 물었다. 물론 정답은 배은망덕이었다. 또 장제원 자유한국당 의원의 아들인 가수 장용준 씨의 음주운전 사고를 지문으로 제시하며 '유구무언'이라는 사자성어를 정답으로 배치하였다)

학생들에게 최소한의 안전장치가 마련되어야 할 것이다.

선거연령 18세는 여 · 야의 유 · 불리를 떠나 장차 우리나라를 짊어지고 나갈 고3학생에 대한 최소한의 배려라고 생각한다.

시간적 가치 비대칭 이론

인간에게 행복감을 느끼게 하는 긍정적인 사건은 이를 예상하고 기대하고 있을 때 더 큰 행복감을 준다고 한다. 예를 들면 휴가 가기 전 계획을 세우는 시간들이 실제 휴가기간이나 다녀온 후 회상하는 것보다 더 행복감을 가져다 준다. 이를테면 초등학교 시절 운동회나 소풍을 기다리는 시간을 더 행복해 했던 기억을 갖고 있다. 이와 같이 미래 사건은 아직 불확실하기 때문에 이미 일어난 사건보다 긍정적(희망적)인 일이 일어날 가능성을 높게 보게 되는 심리적 경향성이다. 따라서 좋은 쪽으로 긍정적인 것만을 예상하고 기대를 한다.

이 같은 심리는 이미 일어난 사건보다 미래에 일어날 사건을 더 가치 있게 여기고 더 긍정적으로 생각하는 인간의 기본 속성이 있기 때문이다. 보통 사람들은 연말 되면 새해를 설레임으로 맞고 삶의 고비고비마다 전술한 이론처럼 희망과 기대감으로 살아간다. 마찬가지로 학생들도 상급 학년 또는 학교로 진학할수록 전술한 기대감에 가득 찬다. 일반론이지만 학부모들은 자녀들의 성적이 좀 떨어져도 다음을 기약하며 격려하고, 실패해도 용기를 잃지 않게 하는 말이 중요하다. 왜냐하면 인간은 다가 올 미래에 대하여 더 희망적인 생각을 갖는 속성이 있기 때문이다.

그래서 어네스트 훼밍웨이는 그의 저서 〈노인과 바다〉에서 우리에게 삶의 희망을 갖게 하였고, 호라티우스의 라틴어 시 한 구절은 '카르페 디엠Carpe diem' 즉 현재를 즐겨라. 다시 말해 하루하루를 의미 있게 보내라고 교훈하고 있다.

이러한 이론은 우리 선조들의 지혜에서도 잘 나타난다. 5백여 년 전 중종 시대 토정 이지함 선생이 지었다는 〈토정비결〉은 내용 중 좋은 점괘가 70%, 나쁜 점괘가 30%로 되어있다고 한다. 70%는 다가 올 미래를 희망찬 기대감으로 살고, 나머지 30%는 조심하며 살게 하라는 지혜가 숨어 있다고 생각된다.

청소년들은 '시간적 가치 비대칭 이론'과 '불확실성의 즐거움'을 미래의 꿈과 희망으로 갈구하며 보내야 할 것이다.(*상대의 마음을 알 수 없을 때 호기심과 더불어 호감까지 높아진다는 이론) 왜냐하면 희망은 삶을 지탱하는 유일한 기둥이기 때문이다.

오크(Oak) 학교

그리스 신화에 나오는 정의의 여신 '디케'는 천으로 눈을 가린 채 한 손에는 저울을, 한 손에는 칼을 들고 있다고 한다. 신분이나 지위에 관계 없이 공명정대하게 심판하라는 뜻일 것이다. 이를 교사에게 대입해 보면 교사는 모든 학생에게 편견 없이 대하라는 신의 메시지다. 교사도 인간이기에 첫인상에서 호好, 불호不好의 감정이 있을 수 있다. 하지만 교사는 학생들에게 언제나 큰 바위 얼굴이어야 한다.

미국의 오크 학교는 하류층이 많이 거주하는 지역의 공립학교이다. 교장 선생님은 새로운 담임교사에게 등질집단인 두 학급을 배정하면서 한 학급은 학부모의 직업군이 사회경제적으로 지위가 높고 전문직 종사자가 많은 집단(A반)이라 말 해주고 다른 학급(B반)은 그와 반대의 경우로 얘기를 해 주었다. 이를테면 우열반으로 안내를 하고 출발점을 똑같게 하였다. 그 후 학년말 학력을 조사해 보니 A반의 학력이 더 높게 나왔다.

이는 교사가 학생에 대해 믿고 기대하면 학생은 그에 걸맞는 성장을 하게 된다는 주장을 뒷받침하는 증거다. 환언하면 교사의 선입관이 학생들의 학업성취도에 의미 있는 영향이 있음을 반증하는 사례다. 따라서 교사는 학생들의 교육에서 미리 선입관을 가지고 예단하면 안 된다는 시사이자 교훈이다. 첫인상에 따른 교육적 역기능도 심각할뿐더러 교사로서 매우 비인격적이기 때문이다.

학생 지도에서 호감이 전략을 이길 수도 있고, 자비가 정의에 우선할 수도 있다. 이것이 교사와 학생의 인간관계요 교육적 관계라 할 수 있으며 교육의 특수성이기도 하다. 그래서 국가는 〈교원 예우에 관한 규정〉과 〈교원 지위 향상을 위한 특별법〉으로 여타 공무원보다 예우를 하고 있다. 교사들의 학생에 대한 사랑의 깊이는 신(하느님)과 교사 자신밖에 모른다. 왜냐하면 그 사랑의 빛깔을 검증할 방법도 없을뿐더러 알아낼 수도 없기 때문이다. 오로지 교사의 양심 저울에 맡길 수 밖에 없다.

직무형태도 독립적인 요소가 강하며 '교사는 명예를 먹고 사기로 근무 한다' 고 할 정도로 자부심과 자존감이 강하다. 이렇다 보니 주변 사람들의 역할 기대치 또한 매우 높다. 따라서 높은 도덕성, 전문성, 성직자에 버금가는 윤리의식을 요구한다. 필자가 70년대 첫 발령지에서 만난 A군의 사례다. 늦둥이로 낳은 아들이라 가정에서부터 귀여움을 독차지 하였다. 한데 학교생활은 교우관계, 성적 등에서 많은 문제를 안고 있었다. 당시 필자의 선입견 없는 A군과의 인간관계는 학년말쯤에는 모범생으로 거듭난 사례다. 성과의 비결은 상담을 위한 래포Rapport · 공감적 이해에 있었다.

전술한 오크학교의 예에서 보듯 교사는 학생들의 첫인상으로 프레임을 씌워 학생들을 바라보면 안 된다는 교훈을 준다. 더불어 교사의 책무성과 사명감의 무게는 결코 가볍지 않다. 한 학생의 장래와 진로의 향방을 좌지우지 할 정도로 막강한 영향을 미치기 때문이다. 하지만 교사들의 교육 서비스는 균질하다는 전제하에서만 가능한 것이므로 부분적으로만 타당할 수도 있다. 왜냐하면 교사도 개인차가 있기 때문이다.

“햇볕 없이 거목이 그늘을 만들지 못하지만 거목 또한 햇볕 없이 싱싱하게 자라질 못 한다”는 말이 와 닿는다.

윌리엄스 증후군

윌리엄스 증후군은 특징적인 임상소견을 가진 7번 염색체이상과 관련된 근접 유전자증후군으로서, 출생아 2만 명당 1명꼴의 발생 빈도가 있다고 한다. 따라서 의학적인 문제와 발달적인 문제를 보이며, 이들은 외향적인 특성 때문에 '작은 요정 얼굴 증후군' 이라고도 부른다. 윌리엄스 증후군을 겪는 사람은 대부분 동화 속 짓궂은 요정을 닮은 비슷한 외모를 지니고 있다. 사교성이 뛰어나 낯선 사람에게도 적극적으로 친밀감을 나타내고, 음악을 매우 좋아해서 정말 요정과 닮은 부분이 많아 보이는 특징이 있다.

우리가 알고 있는 다운 증후군처럼 염색체에 이상이 생겨 발생하는 희귀난치성질환이다. 가장 특징적인 증상은 외모에서 유럽을 배경으로 한 동화책 속 작달막하고 짓궂은 표정을 한 요정을 닮았다. 다시 말해 눈 간격이 넓고, 콧마루가 도드라지는 납작한 코, 큰 입에 느슨한 아랫입술, 불규칙한 치아 배열, 약간 부풀어 보이는 볼에 작은 턱을 가지고 있다. 성장하면서 쉰 목소리를 내고 정신과 신체의 발달이 지체되기 시작한다.

또래에 비해 키가 작고, 근력이 약하고, 머리가 회색으로 변하며 피부에 주름이 지는 등 일찍 나이가 드는 것처럼 보이기도 한다. 하지만, 이들은 뛰어난 언어적 음악적 감각을 가지고 있다. 읽고 쓰는 능력, 수학적 능력 등은 다소 떨어지나, 언어를 구사하고 사람의 얼굴을 기억하는 데는 수준 이상의 능력을 보이는 경우가 많다. 또한 음악을 매우 좋아하고 악보를 읽을 수 없지만 멜로디를 기억하고 악기를 연주하는 등 음악적 재능을 나타내기도 한다.

한국윌리엄스증후군협회 연구 결과에 따르면 염색체 이상으로써 7번 염색체의 엘라스틴 유전인자가 빠져있는 상태이다. 40명의 윌리엄증후군인 사람들을 검사한 결과 모두 이 엘라스틴 유전인자가 빠져있었다. 교육심리학자들은 이런 아동들에 대해 일선 교사들의 반응을 보면 정신지체로 평가되고, 우수아처럼 말하고, 정서장애처럼 행동하며, 학습장애처럼 학습을 하므로 혼란스러워 한다.

이것은 어떤 특성에도 적절하게 맞추기가 어렵다는 의미이며, 학교에서도 잘 대처하지 못하는 경우가 많다. 미국의 최근 연구 자료에 의하면 윌리엄스증후군인 10대와 성인(평균 23세) 100명을 조사한 결과 혼자서 독립한 사람은 없었고 80명은 가족과 생활하고 나머지는 집단가정이나 혹은 생활을 관리해 주는 사람들과 함께 생활하는 것으로 보고되었다.

전국의 특수학급 학생들이 어엿한 사회인으로 자립할 수 있도록 중앙정부 지자체 그리고 사회의 지속적인 보살핌이 있어야 할 것이다.

윔블던 효과(Wimbledom effect)

윔블던 테니스 대회는 원래 영국 선수들끼리 치르던 리그였다. 그러던 중 외국 선수들에게도 참가 자격을 개방하였다. 한데 대회를 거듭할수록 자국 선수보다 외국 선수들이 우승하는 횟수가 많아졌다. 이렇게 되자 국민들 사이에 볼멘 소리가 나오기 시작했다. 시쳇말로 '죽 쒀서 개 좋은 일 시킨다' 는 것이다. 하지만 꼭 그렇지만은 않다는 생각을 갖게 되었다.

왜냐하면 윔블던 대회에 참가하기 위해 세계 각국에서 선수와 임원진이 오고 유명한 대회이다 보니 국내 · 외 관중들도 구름같이 밀려 왔다. 국가 차원에서 손익 계산을 해보니 외국선수와 임원진, 관광객의 입국으로 인한 경제유발 효과가 엄청난 것을 알게 되었다.

또한 자국 선수들의 기량도 눈에 뛰게 향상되고 있었다. 같은 맥락에서 영국의 금융 시장을 개방하였더니 경쟁력 없는 금융 기관은 퇴출되고 살아남은 금융기관은 경쟁력이 강화되어 영국 금융 산업을 한 단계 도약하는 계기가 되었으며, 지금은 세계 금융의 중심지가 되었다. 이처럼 개방된 시장은 기업과 사람을 모이게 함으로써 시장 활성화 및 기업 경쟁력강화 효과를 누리게 한다. 하지만 외부세력으로 인해 국부유출 및 경영권 위협 등 내수 경제가 흔들릴 수 있다는 단점도 존재한다.

이와 같이 개방화, 국제화, 자유화 했을 때 얻어지는 이익을 '윔블던 효과Wimbledom effect' 라 한다. 교육계도 개방화 국제화 자유화하여 경쟁력을 갖추게 해야 함은 시대적 흐름이다. 우물 안 개구리처럼 살아갈 수는 없지 않은가? 그러기 위해서 교육 시스템도 교육과정도 학부모의 교육관도 바뀌어야 한다. 왜냐하면 자라나는 학생들의 무대는 비좁은 우리나라가 아니라 지구촌 전체가 무대이기 때문이다.

이러한 혁신을 슘페터는 '창조적 파괴Creative destruction' 라 하였다. 사회는 공동체적 더불어 사는 삶을 요구하기도 하지만, 치열한 경쟁사회에 살아남기 위한 교육도 요구된다. 학생들의 무한한 가능성은 치열한 경쟁을 수반하기에 엄청난 노력에도 불구하고 성공과 실패를 반복할 수 밖에 없다. 그 후 진인사 대천명盡人事待天命[2]이다.

2) 사람이 할 수 있는 일을 다 하고서 하늘의 뜻을 기다림

'트롤리 딜레마'와 '육교 딜레마'

사람이 살아가면서 상반 되는 두 가치를 놓고 판단의 선택을 어렵게 하는 사례가 수 없이 존재 한다. 마크 하우저 하버드대 진화심리학 교수는 '트롤리 딜레마' 란 흥미로운 통계심리 실험을 실시하였다. 이 실험 연구는 마이클 샌들 교수의 정의란 무엇인가? 에서도 큰 반향을 불러 온 내용이기도 하다.

〈사례1〉 전차가 철길 위에서 일하고 있는 노동자 5명을 향해 시속100km의 빠른 속도로 달려간다. 당신은 이 트롤리의 방향을 오른쪽으로 바꿀 수 있는 스위치 옆에 있다. 당신이 트롤리의 방향을 오른쪽으로 바꾸면 오른쪽 철로에서 일하는 1명의 노동자는 전차에 깔려 사망하게 된다.

〈사례2〉 전차가 철길 위에서 일하고 있는 노동자 5명을 향해 시속 100km의 빠른 속도로 달려간다. 당신이 이 트롤리를 세우기 위해서는 뭔가 큰 물건을 열차 앞에 던져야 한다. 마침 당신 앞에 몸집이 큰 사람이 옆에 있다. 당신이 트롤리를 세우려면 그 사람을 떠밀어 추락시켜야 한다. 그러면 떨어진 사람은 목숨을 잃지만, 철길에서 일하던 노동자 5명의 목숨을 구할 수 있다.

두 사례에서 당신이라면 어떤 판단을 하겠는가? 피실험자들의 반응을 보면 사례1은 85%, 사례2는 12%만 도덕적으로 허용 가능하였다. 두 실험에서 인간에게는 학습되지 않은 도덕가치가 존재하고 있음이 통계로 입증된 것이라고 하우저 교수는 해석 한다.

전술한 내용은 공리주의와 개인의 도덕 감정 사이의 딜레마 사례다. 그렇다면 가치갈등 상황에서 자녀들의 올바른 가치 판단 능력을 갖기 위해서는 어떠한 노력이 필요할까? 학생들의 발달 수준에 맞는 독서를 통하여 세상을 바라보는 혜안을 길러야 한다. 가치 판단의 영역은 참된 것과 거짓眞僞, 착한 것과 악한 것善惡, 아름다운 것과 추한 것美醜 등으로 즉 진 · 선 · 미이다. 어차피 우리의 삶은 가치판단의 연속이다.

호손공장 실험

하버드대학 교수인 메이오와 뢰슬리스버거는 시카고 교외에 있는 서부전기회사의 호손공장에서 8년간의 실험 연구를 진행하였다. 이 연구는 작업장의 조명수준, 휴식시간, 노동시간, 급료 등과 같은 물리적 요인과 조직 내의 인간적 요인에 변화를 주면 생산성에 어떤 효과가 나타나는 가를 규명하는 연구였다.

그들은 이와 같은 일련의 실험을 통해서 물리적 직무 조건보다 사회 · 심리적 조건이 노동자의 생산성을 증가하는데 기여하고 있음을 발견하였다. 더불어 노동자의 동기와 직무만족이 생산성의 증가와 밀접한 관계가 있음을 밝혀냈다.

교원사회도 전술한 호손공장의 노동자와 같이 물리적 직무 조건보다 사회 · 심리적 조건이 교수력 증진에 더 효과적일 수 있다는 가설이 성립한다. 교사도 전문직이기 전에 근무는 노동자일 수도 있기에 교사를 노동자로 치환해 살펴보면(*김대중 정부 때 전교조 합법화),

첫째, 교사는 경제적 유인만이 중요한 동기는 아니다.

둘째, 교사는 개인으로서가 아니라 비공식적 집단의 구성원으로서 관리층에 반응한다.

셋째, 교사는 비공식적 조직의 사회적 규범에 의하여 더 제한된다.

넷째, 교사는 관리자의 독단적 결정으로부터 자신을 보호하기 위하여 비공식적 조직을 이용한다.

다섯째, 교원사회의 비공식적 조직은 관리층과 상호작용 한다.

여섯째, 교사는 적극적인 인간존재이지 수동적인 기계의 톱니바퀴가 아니다.

동 가설은 교원사회도 크게 다를 바 없다고 생각한다.

하지만 교사들이 특정이념과 노동운동에 빠져 학생 가르치는 일보다 노동운동에 전념한다면 이는 교육적이지도 않을 뿐더러 교육자의 자세도 아니라는 것이 보통시민의 상식이다.(*한국갤럽 전교조 인식조사 부정 48%, 긍정 19% 보류34% *전교조 인식수준은 독자마다 상이할 수 있다)

모름지기 교사를 바라보는 사회의 시선은 부단한 연찬과 자기 수양을 요구한다. 이를테면 조선시대 집현전과 규장각의 선비들은 지식과 아이디어가 마르지 않는 샘물 역할을 하였다.

또한 학부모들은 한 세기 전 나라 밖 세상을 보고 돌아와 그 충격에 서유견문西遊見聞을 쓴 유길준과 같은 모습을 교사들에게서 보고 싶어 한다.

3부. 등대

깨진 유리창 법칙

깨진 유리창 법칙은 사소한 것들을 방치하면 더 큰 범죄나 사회문제로 이어진다는 사회범죄심리학 이론이다. 이는 미국의 범죄학자인 제임스 윌슨과 조지 켈링이 공동 발표한 '깨진 유리창' 이라는 글에 처음으로 소개된 사회 무질서에 관한 이론이다.(1982년 3월) 건물 주인이 건물의 깨진 유리창을 그대로 방치해두면, 지나가는 행인들은 그 건물 관리를 포기한 건물로 판단하고 돌을 던져 나머지 유리창까지 모조리 깨뜨리게 된다. 그리고 나아가 그 건물에서는 절도나 강도 같은 강력범죄가 일어날 확률도 높아진다.

즉, '깨진 유리창 법칙' 은 깨진 유리창과 같은 일의 작은 부분이 도시 전체가 무법천지처럼 될 수도 있음을 시사 한다. 동이론에서 말하고자 하는 것은, 이미 깨어져 방치된 유리창 옆의 멀쩡한 유리창을 깨는 것은 어렵지 않다는 사실을 말한다. 깨진 유리창의 법칙 사례를 보자.

휴지통이 청결한 병원은 실력도 좋다.

하남시의 정형외과에서 친구의 권유로 진료를 받았다. 진료 대기 중 병원 구석구석의 지저분한 먼지와 화장실 등을 보는 순간 아연 실색을 하였다. 병원의 환경이라고 하기엔 민망할 정도로 지저분하고 청결 상태가 말이 아니었다. 당연히 다음부터는 다른 병원에 가서 진료를 받았다. 병원의 내부 및 의료기기 상태가 엄청 청결하였다. 필자 기분에 의사가 유능할 것 같았다. 나는 첫 번째 병원에서 '깨진 유리창' 을 발견하였다. 바로 지저분한 진료 환경이 그 병원의 '깨진 유리창' 이다.

도시에 낙서가 줄면 범죄도 준다.

1980년대 뉴욕은 자타공인 범죄의 도시였다. 연간 60만 건의 중범죄 사건이 발생하던 뉴욕, 여행객들은 지하철을 타지 말라는 이야기가 흉흉하게 돌고 있을 정도였다. 당시 낙서가 된 지하철 량은 총 6백대 였다고 한다. 5년이 지나 모든 낙서가 지워졌다. 그래피티가 지워지면서 지하철 흉악범죄율이 감소했고, 2년 후부터 중범죄 건수가 감소하고, 94년에는 절반가까이 감소되었다. 결과적으로 75%의 중범죄 사건이 줄었다는 결론을 얻었다.

이 사례를 본 뉴욕시장 루돌프 줄리아니는 뉴욕시에도 깨진 유리창 이론을 적용하여 길을 정화하고 경범죄에 대한 단속을 강화하였다. 그 후 도시 내 범죄 발생건수가 급감하고, 범죄의 도시라는 오명에서 벗어날 수 있었다고 한다. 길에 쓰레기가 놓여있으면 나도 모르게 '괜찮겠지' 하고 버리는 일이 반복되어 그 지역이 쓰레기장이 되어버리는 일은 비일비재하게 볼 수 있다. 이 또한 깨진 유리창의 사례다.

일상 사례에서

골목에 새 승용차 한 대의 보닛을 열어 놓은 상태로 방치해 두었다. 일주일 후, 아무 일도 없었다. 이번에는 똑같은 승용차의 보닛을 열어 놓고 한쪽 유리창을 깬 상태로 방치해 두었다. 10분이 지나자 차 안에 쓰레기가 버려지고 배터리가 없어졌다. 일주일이 지나자 차는 폐차를 해야 할 정도로 훼손되었으며 지저분한 낙서가 차를 뒤 덮었다.

깨진 유리창은 처음에는 매우 사소해 보인다. 하지만 이를 가만히 둘 경우 깨진 유리창은 사람들에게 이런 메세지를 전하게 된다. "아무도 관심을 갖지 않는다. 당신 마음대로 해도 좋다!" 라고 ....

'썩은 사과 이론' 과도 맥을 같이하며 '도미노 이론' 으로 발전하게 된다. 청소년들은 깨진 유리창을 사전에 제거하는 삶이 중요하다. '어릴 때 좋아한 기억은 평생 영향을 미친다' 는 '파스텔 핑크' 의 숨은 뜻을 학생들에게 심어주는 교육환경이 중요함을 시사한다.

버킷 리스트(Bucket List)

2008년, 시한부 선고를 받은 두 노인에 대한 영화 〈버킷리스트〉의 엄청난 흥행으로 인해 버킷 리스트라는 신조어가 생겼다. 세계 모든 사람들의 귀에 한 번 쯤은 들어봤을 법한 단어가 되었다. 버킷리스트는 〈Kick the bucket · 양동이를 차다〉라는 말에서 유래가 되었는데 현재는 '죽기 전 하고 싶은 것들의 목록'을 의미한다. 버킷 리스트의 정의에 죽기 전이라는 가정이 붙는 이유는 무엇일까?

가영이는 여느 현대인처럼 되풀이 되는 인생에 지쳐 있다. 잔소리만 하는 상사, 갚아야 할 대출금, 결혼에 대한 압박 등등. 할 일은 많지만 시간은 없고 마음은 조급하며 몸은 따라주질 않는다. 심지어 무엇부터 시작해야 할지 막막하다.

어마어마한 스트레스가 그녀를 잠식해가고 버티던 그녀는 극단적인 선택으로 마음을 먹게된다. 하지만, 이내 떠올린다. '아직 유럽도 못 가봤고, 63빌딩 레스토랑도 못 가봤는데. 살면서 한 번은 뮤지컬도 직접 해보고 싶었는데 이렇게 못하게 되는 건가. 김연아 처럼 피겨 스케이팅도 해 보고 싶었는데 ....'

가영의 작은 소망들은 결국 그녀에게 있어서 다시 살아가는 힘이 되어 그녀를 움직인다. 무언가를 하고 싶다는 열정이나 열망은 그 사람을 움직이는 연료, 원동력이 된다. 사람에게 있는 욕망은 곧 사는 이유가 되고, 그 사는 이유가 있다는 것 자체가 개인의 인생이 가야 할 목표를 확고하게 만들기 때문이다. 인생 역시 동기부여가 필요하다.

그리고 분명히 이 버킷 리스트는 '삶' 에 대한 동기를 부여한다. 버킷리스트에 '죽기 전' 이라는 말이 붙는 것은 사람을 움직이는 원동력이 되기 위한 개개인의 소망을 끌어올리기 위한 극적인 요소일 뿐이다. 필자는 정의에서 가장 중요하게 생각하는 것은 "하고 싶은 것들의 목록" 이라고 말하고 싶다.

버킷 리스트에 대한 정리를 일찍 마칠수록 자신의 삶에 대한 방향은 확실해 질 것이고 가영이처럼 크고 작은 시련에 부딪히고 좌절에 빠질 때에 쉽게 헤쳐 나올 수 있을 것은 분명하다. 청소년들의 적성과 소질을 고려한 버킷 리스트는 성공적인 삶의 필요 · 충분 조건이 될 것이 분명하다.

하지만 인간은 음식 없이 40일, 물 없이 3일을 살 수 있지만 의미 없이 35초를 견디지 못 한다고 한다. 청소년들의 희망이 촉수 잘린 곤충 신세가 되면 곤란하지 않은가?

원형선회

개미 사회에서 앞선 개미가 흘린 화학물질을 따라 이동하는 습성이 있다. 선두개미가 경로 설정을 잘못하면 무리 전체가 대열에서 이탈하지 못하고 '죽음의 행진' 을 계속할 수밖에 없다. 이런 현상을 '원형선회Circular mill' 라고 한다.

'앞선 자를 따르라' 는 평소 개미 사회를 지탱해 주던 진리였지만, 조금만 어긋나도 자칫 개미 사회 전체를 파멸로 이끄는 장송곡이 될 수 있다. 그래서 오로지 한 방향으로만 움직이는 사회는 다양한 움직임이 있는 사회보다 건강하지 못하다는 교훈을 시사한다. 오늘날의 사회는 다양성을 생명으로 한다.

이념적 스펙트럼이 많다는 것은 건강사회의 반증이다. (*참고로 종교의 자유가 보장된 우리나라에서 다양한 종교가 존재하는데 종교 갈등이 없다는 것은 세계 종교 · 사회학자들의 연구 대상이라고 한다) 생각의 근육과 판단에서 미성숙한 학생들이 학교생활 안팎에서 부딪치는 원형선회 사례를 보자.

사례1) 고등학교 시절 불량 서클에 빠진 제자 A 군의 사례다. 소심한 성격에 매사 소극적이던 A군은 성적도 괜찮은 편이었는데 어느 날 갑자기 불량 학생들과 어울리다 결국은 헤어나오지 못 하였다. 부모님과 선생님들의 설득에도 학업을 포기하고 어두운 그늘에서 살아가고 있다. A학생이 돌아오지 못 한 배경에는 불량서클의 리더격인 우두머리 학생에 대한 막연한 맹신에 기인한다. 바라보는 눈이 프리즘처럼 굴절되다 보니 리더의 말 한마디, 행동 하나하나를 멋지고 남자다운 기질이라고 오해하고 있었다.

사례2) 필자의 조카 이야기라서 조심스럽지만 독자들에게 반면교사가 되기 위해 용기를 내었다. 법학을 전공하던 대학생 시절 고시 공부에 한창이었다. 무료하고 지루하게 공부하던 어느 날 모 종교단체에 빠졌다. 속칭 사이비 종교다.

깊은 산속에 들어가 친구들과 고시 공부한다기에 시골의 부모님은 아들을 굳게 믿었다. 왜냐하면 초등학교 때부터 성적이 월등하고 내성적이지만 모범적인 학교생활을 하였기 때문이다. 시골의 부모님께서 아들이 잘못 되었다는 사실을 알았을 때는 이미 사이비 종교에 깊숙이 발을 들여 놓은 때였다.

어려서부터 공부도 잘 하고 모범적인 학생이었는데 무슨 동기 유인이 있었을까? 대학가의 낭만을 즐기면서 사회생활을 배워 갈 무렵 따분한 고시 공부에 사이비 종교는 오아시스 같았고 달콤한 주스였을 것이라 추론해 본다. 공부 잘 한다고 고등학교부터 부모 곁을 떠나 외지 생활하면서 가정교육기능이 작동되지 않았다고 짐작된다.

사례3) 혁신학교 문제에서,(*혁신교육의 순기능, 역기능도 있다) 학생들은 혁신교육 뿐만 아니라 다양한 학습 형태의 교육을 받을 권리가 있다. 한데, 전국의 진보 교육감들이 전교조가 제공한 혁신학교가 지고지선인양 밀어붙인다. 이래서 교사와 학부모들에게 저항 받는 것은 당연하기까지 하다. 왜냐하면 학습형태는 교사 수만큼이나 다양하기 때문이다. (*혁신학교에 대한 독자들의 이해가 필자와 상이할 수 있음을 밝힌다)

둘째, 근 · 현대사 역사교육면에서, 학생들의 역사 인식에 관한 사항으로 국사학계에서도 해석의 이견으로 인한 논쟁적인 내용을 무시하고 교과서 내용으로 싣는 것 또한 역사교육의 원형선회다. 한국교육과정 평가원 산하 교과서 검정 심의위원회 C 위원장(서원대교수)을 비롯한 I교수(전남대)와 5명의 위원이 교과서 집필부터 심의까지 좌편향 교수, 전교조 출신이 대부분이다.(*다양성 결여) 이들의 평소 주장을 보면 과연 이들이 대한민국 국민인가 귀를 의심할 정도다.

역사교육의 방향은 국가의 정체성, 편향되지 않은 기술이 전제 되어야 함은 만고의 진리다.(*해석의 다양성이 존재하는 정립되지 않은 역사관점은 학술단체나 고등교육 기관에서 학문적으로 논쟁할 사안이지 교과서로 채택하는 것은 실체의 오류가 있을 수 있다. 따라서 채택되면 절대 안 된다. 왜냐하면 학생들은 증류수 같기 때문이다.) 전술한 사례에서 보듯 개인이든 공공영역이든 우리사회의 원형선회는 치명적인 약점을 갖게 한다.

개인의 사례는 독서와 운동, 각종 동아리 활동을 통하여 스스로 건전한 판단력을 기르면 해결할 수 있다. 특히 각종 스포츠는 육체건강 뿐만 아니라 정신건강과 건전한 가치판단에 이보다 좋을 수가 없다. 공공 영역의 원형선회 피해는 국민이 본다. 교육 부문이라면 학생들이다. 역대 정부 교육의 원형선회는 어공들의 철학빈곤과 아마추어리즘에 기인한다.(*정치 논리가 좌우 함)

보스턴 컨설팅 그룹은 2015년 보고서를 통해 '앞으로는 로봇과 인공지능 빅 데이터가 중심을 차지하게 될 것' 이라고 예측하였다. 따라서 성큼 다가온 4차 산업혁명은 융합과 협업 그리고 네트워크 시대다. 교육부 정책이 객관성, 타당성, 합리성을 결여 한 채 지금처럼 '원형선회' 로 간다면 어떻게 될까? 생물학에서도 근친교배는 열성인자를 잉태한다는 것이 정설이다.

이렇게 되면 세계사에서 바둑알을 놓는 손이나 손가락이 되지 못 하고 바둑알 신세가 될 수 있다. 개인이든 국가든 바둑알이라는 피동체가 되면, 그 운명은 고수들(강대국) 손이 가는대로 출렁거리게 된다. 김건모의 〈핑계〉에서 "입장 바꿔 생각 해봐"의 노랫말이 깊은 울림으로 다가온다.

첫 번째 펭귄

첫 번째 펭귄은 '불확실하고 위험한 상황에서 용기를 내어 도전하는 사람' 을 의미 한다. 무리를 지어 사는 남극의 신사 펭귄들은 배가 고파도 먹이를 구하기 위해 바다에 뛰어들기를 주저한다고 한다. 왜냐하면 바다표범 등 물속의 천적들 때문이다. 모두가 머뭇거리고 있을 때 한 마리가 과감하게 뛰어든다.

그가 바로 '첫 번째 펭귄' 이다. 그제야 나머지 펭귄들은 뒤따라 들어간다. 불확실하고 위험한 상황에서 도전과 변화를 선택한 리더의 모습이다. 우리 주변에서 첫 번째 펭귄은 사회발전을 견인하고 선도한다. 하지만 누구나 그러한 역할을 못 한다. 아니 안 한다고 하는 말이 맞다.

미지의 세계는 호기심과 더불어 두려움도 병존하기 때문이다. 동서양을 막론하고 청소년들은 모험심과 도전정신이 강하다. 실패를 해도 두려워하지 않는다. 그러기에 그들은 첫 번째 펭귄도 주저하지 않는다. 이 같은 자양분은 사회 각 분야에서 빛을 발한다.

세계 최초의 런던 지하철은 1863년, 뉴욕 지하철은 1904년, 도쿄 지하철은 1927년에 개통되었다. 그 무렵 우리나라는 1910년 일본에 나라를 빼앗겼다. 하지만, 일본의 이토 준타로(1983) '과학기술사 사전'에 따르면 세종 재위 기간인 1418~1450년 조선에서 지금으로 치자면 노벨상을 받을만한 과학 기술 업적이 21건 나왔다. 같은 시기 유럽・아랍 지역이 19건, 중국 4건, 일본은 0건이었다.

이처럼 우리나라는 거북선과 한글 창제가 말해주듯 창조성과 도전정신이 뛰어난 유장悠長한 전통을 갖고 있다. 발명왕 에디슨은 1879년에 백열등을 발명하였다. 1,500번의 실수 끝에 성공하였는데, 그 때 조수가 에디슨에게 성공 소감을 물었다. 에디슨은 "그것은 실패가 아니다. 우리는 이제 작동되지 않는 전구 필라멘트 1,500개를 알게 되었다"라고 대답하였다고 한다. 2019년 우리나라의 세계 시장에서 점유율 1위 상품은 77개, 중국은 1,720개다. 아직도 갈 길이 멀었다. 선진국에 밀리고 후발국에 추격을 당하는 샌드위치 신세가 현실화 되는 양상이다.

대부분의 부모들은 자신의 자녀만큼은 도전과 모험심보다는 편안하고 안전함을 추구하게 하는 것도 현실이다. 하지만 운전을 하지 않은 무사고 운전사라면 곤란하다. 남이 만든 길을 따라가기보다는 내가 지나간 뒤 길이 생긴다는 강한 신념이 중요하다. 용기와 만용이 종이 한 장 차이이듯 현명과 비겁 역시 종이 한 장 차이일 수 있다. 노자는 도덕경에서 "천하의 어려운 길은 반드시 쉬운 데서 시작하고, 천하의 큰일은 미세한 데서 일어난다"고 하였다.

'다이슨'은 날개 없는 선풍기, 먼지 봉투 없는 청소기, 속이 뻥 뚫린 헤어 드라이기 등을 발명한 영국 재계 서열 12위 회사다. 창업자 제임스 다이슨은 '먼지 봉투 없는 청소기'를 시제품 5,127개 만든 끝에 성공하였다고 한다. 그의 사고 철학은 '다르게, 틀리게, 이상하게' 생각하라는 것이다. 사회는 흙수저, 금수저 타령보다 청소년들의 첫 번째 펭귄을 보고 싶어 한다.

콜럼버스의 달걀

이탈리아의 크리스토퍼 콜럼버스 항해사의 이야기다. 그는 마르코 폴로가 쓴 〈동방견문록〉을 읽고, 책 속에 나오는 황금의 섬 '지팡구'를 발견하는 것이 꿈이었다. 책에 묘사된 '지팡구' 섬에는 황금이 모래같이 흔하여 건물의 벽까지 황금으로 만들었다고 적혀 있었다. 젊고 모험심이 강한 콜럼버스는 장차 선장이 되어 황금으로 가득찬 지팡구 섬을 탐험하겠다고 굳게 결심한다.

그는 10여 년의 선원생활 경험 상 마르코 폴로가 갔던 곳을 자기인들 못 갈 이유가 없다고 자신만만하였다. 그러면서 마르코 폴로가 육지로 낙타나 말을 타고 2년에 걸려서 간 동방을 자신은 배를 타고 바다로 갈 생각을 하게 되었다.

그 당시에는 '지옥 같은 불바다' 또는 '지구의 절벽' 같은 이야기들이 마치 사실처럼 전해지고 있었다. 따라서 수평선 너머의 먼 바다 항해는 불안과 어마어마한 모험 그 자체였다. 그런데 콜럼버스가 신대륙 발견의 모험을 시도하게 된 결정적 요인은 재미있게도 '착각' 이었다.

콜럼버스의 착각은 이렇다. 그는 지구의 둘레를 거의 정확하게 계산한 에라토스테네스의 방식이 틀렸다고 생각하며 에라토스테네스의 측정값보다 1/6 ~ 1/4 정도로 작게 지구 둘레를 계산한 것이다. 그는 지구의 반지름은 약 400해리로써 시속 3노트로 항해했을 때 한 달이면 동방에 도달할 수 있다고 생각했다. 하지만 그의 착각은 신대륙 발견의 영광을 역사에 남겼으니 위대한 착각도 발견을 가능케 한다는 역설이 흥미롭다.

신대륙을 발견하고 돌아온 그를 시기한 나머지 사람들은 '누구나 할 수 있는 일이다' 라고 비아냥거렸다. 심지어 '모기 제독Admiral of Mosquitoes' 이라며 콜럼버스를 보고 야유와 조롱을 보냈다.(브리태니커 백과사전, 콜럼버스 전기 참고) 그 때 콜럼버스는 여러 사람 앞에 달걀 꾸러미를 가져다 놓았다. 그리고 청중을 향해 달걀을 세워보라고 했다. 다들 낑낑거리며 세워보려고 했지만 아무도 성공할 수 없었다. 보다 못한 콜럼버스가 달걀의 한쪽 끝을 조금 깨뜨려서 세웠고, '신대륙의 발견도 이와 같다' 고 말하며 주의 사람들을 침묵시켰다.

그는 이 말을 마치고 쓸쓸히 자리를 떠났다. 이는 너무나도 유명한 '콜럼버스의 달걀' 이라는 일화다. 콜럼버스의 모험과 도전정신은 생각의 전환에서 발상되었다. 오늘날 청소년의 모험심과 도전 정신은 성공과 실패를 떠나 역사발전에서 교훈하는 바가 지대하다. 시대마다 젊은이들이 겪는 고통의 무게는 똑같다.(*이어령 전 문화부 장관, 교수) 학부모들의 자녀에 대한 직업관은 아직도 직업의 안정성 측면서 전통적 직업관을 선호하고 있는 것도 사실이다. 하지만 국가적 차원에서 이러한 현상은 결코 바람직하지 않다.

제자 A는 9급 공무원을 과감히 사표내고 지금은 어엿한 중소기업 사장이다. 제자 B는 하급 공무원으로 만족하며 살아가고 있다. 사람은 역량, 성향, 여건이 다르기에 획일화 할 수는 없으나 청소년의 모험심과 도전 정신은 국가의 발흥勃興과 성쇠盛衰에 밀접하게 연관되어 있다. 브라질의 소설가 파울루 코엘류의 〈순례자〉에 따르면, '배는 항구에 있을 때 가장 안전하지만, 항구에 머물기 위해 만들어 진 게 아니다' 고 하였다.

이는 콜럼버스 같은 도전정신을 말 한다.

퍼스트 무버

A와 B는 고등학교 친구 사이이다. A의 방에는 수많은 자기계발서가 꽂혀져 있다. 공부를 잘 하는 법, S대 가는 법, 하버드생의 시간 관리법 등 수많은 성공 사례가 벽을 메우고 있다.

B의 어머니는 매일 EBS를 보며 아이들 집중력 향상에 대해 연구하고 B에게 알려 주신다. 일명 '이렇게만 하면 수능 대박 날 수 있다' 이다. 대박 난 수능 성적을 가지고 좋은 대학교에 가서 좋은 수업을 듣고 남들이 가는 연수도 다녀온 뒤라면 좋은 직장에 취직하여 일을 하게 될 것이란 기대가 있을 것이다.

먼저, A를 살펴보자. A는 단 한 권의 자기 계발서도 읽어본 적이 없다. 남들이 모두 칭찬한 자투리 시간 활용법도 자신에게는 독이 될 뿐이었다. 아침 시간을 활용하라는 수많은 성공한 사람들의 경우도 A에게는 통하지 않는다. 에라, 모르겠다. 내 식대로 하자. A는 자신이 잘 하고 익숙한 것, 즉 하고 싶은 대로 하기 시작한다. 자신이 좋아하는 일에 치중하고 자신만의 규칙이나 방법을 만든다. 물론 이 두 학생의 대학 진학률은 확실히 다를 수 있다.

성공률이야 제각각이겠지만 아마 착실히만 진행했다면 B는 좋은 대학에 갔을 것이고 A는 실패했을 것이다. 하지만 만일 그렇다고 하더라도 과연 미래에 이 두 사람의 성공 여부는 어떨 것인가. B는 새로운 것을 돌파하는 사람이 될 수 없다. 자신이 하는 일에 대한 두려움과 의문이 끊임없이 들 것이다. 왜냐?, B는 성공한 사례를 따라하는 팔로워이기 때문이다. 반면 A는 자신의 모든 것에 확신이 있다.

누군가를 따라하는 것이 아닌 자신에게 맞는 모든 것을 스스로 개척할 줄 알기 때문이다. 이 두 사람에게 있어서 과연 누구에게 보다 퍼스무버(* '창조' 적인 면과 '혁신' 적인 면)가 될 것인가는 불문가지이다. 전술한 내용은 필자가 80년대 가르친 제자의 사례이다. 카스트라토去勢 가수의 예를 들어 보자.

남자로 태어났으나 수술로 중성이 되어 여성의 음역을 노래한 17~19세기 성악가들을 말한다. 이들은 '남성' 을 버리고 천사의 목소리를 얻은 사람들이다. 놀랍지 않은가? 경쟁이 날로 심해지고 있다. 개인뿐만 아니라 기업 사이에서도 자신들의 밥

그릇 사수에 잔뜩 날이 서있다. 그리고 그런 세상이 말한다.

'창조' 와 '혁신' 나올 만한 것은 다 나온 것 같고 개발 될 수 있는 것은 다 개발된 것 같은 데 자꾸만 세상을 들썩이게 하는 아이디어는 여기저기에서 발생한다. 카카오톡이나 에어비엔비, 애플의 어마어마한 성공은 퍼스트 무버의 저력을 여실히 보여준다. 새로운 시장의 개척, 그야말로 변덕스럽고 까다로운 소비자들의 이목을 집중시키는 엄청나되 새로운 아이디어의 시발점이 되어야 할 것이다.

"영감은 우연히 누구에게나 주어지는 것이 아니라 문제의식을 가진 사람에게만 주어진다"고 하였다. 부모라면 누구나 자신의 자녀가 미래의 성공 열쇠가 되고 주역이 되기를 바랄 것이다. 소용돌이치는 현시대에 발 빠르게 성공 전략을 따라하는 것은 더 이상 성공 전략이 아니다.

우리 주변에서도 막걸리가 소주 맥주에 자리를 내주고, 쌍화차가 아메리카노에 속절없이 밀려 나고 있지 않은가? 한 번 흘러 간 물은 물레방아를 못 돌리는 이치와 같다. 독일은 한국에서 손흥민이라는 원석을 가져다 보석으로 다듬어 엄청난 수익을 올렸다. 이것이 이 시대의 퍼스트 무버First Mover다!

프레이밍 효과

프레이밍 효과란? 어떤 질문이나 문제 제시 방법 즉 인식의 틀을 다르게 하면 사람들의 선택이나 판단이 달라지는 현상을 말 한다. 특정 사안을 어느 각도로 바라보느냐에 따라 해석이 달라지는 이론으로 '구성효과' 또는 '틀 효과' 라고도 한다.

사례1) 병원에서 환자의 수술 생존률이 80%인 경우 의사가 할 수 있는 말은 두 가지다. 첫째는 성공률이 80%라는 점이고, 둘째는 사망률이 20%라는 점이다. 이 때 결과는 같지만 수술 성공확률이 80%라고 말 할 때 환자나 보호자가 수술을 받아 드리는 경우가 더 많다고 한다.

사례2) 담배를 무척 좋아하는 두 신부님의 이야기다. 어느 날 한 신부님이 교황님께 찾아가 말씀을 드렸다. "교황님!, 기도 중에 담배를 피워도 되겠습니까?" "아니, 기도 중에 담배를 피운다고요?" "안 됩니다" 이 말을 들은 다른 신부님이 교황님을 찾아갔다. "교황님! 담배를 피우는 중에도 기도를 해도 되겠습니까?" 이윽고 "교황님은 언제 어디서나 늘 기도하는 것은 좋은 일입니다."

사례3) 물이 반 컵이나 남았네! VS 물이 반 컵밖에 안 남았네! 사람들은 동일한 사건이나 상황에도 어떤 표현이나 방식을 제시하느냐에 따라 선택이 달라지는 것을 알 수 있다. 청소년들을 바라보는 시각에서 단점은 화투 패처럼 숨기고 장점은 양파껍질처럼 벗기는 지혜가 요구된다.

왜냐하면 '참새도 내장은 다 있다' 는 격언에 답이 있다. '운명은 눈 앞에서 돌멩이가 날아오는 것이라면, 숙명은 뒤통수로 돌멩이가 날아오는 것' 이라고 한다. 세상을 굴절된 렌즈를 끼고 바라보지 않는 교육이 '참 교육' 이다. 문득 교사가 된 두 제자 이야기다. 한 명은 가르치는 일보다 노동운동에 푹 빠진 충남 모 학교의 C 선생, 학생교육에 전념하는 서울모 학교의 Y 선생이 오늘따라 오버랩 되는 하루다.

피그말리온 효과

그리스 신화에 나오는 조각가 피그말리온의 이름에서 유래한 심리학 용어이다. 조각가였던 피그말리온은 아름다운 여인상을 조각하였다. 그리고 그 여인상을 진심으로 사랑하게 된다. 여신 아프로디테로마 신화의 비너스는 그의 사랑에 감동하여 여인상에게 생명을 주었다. 이처럼 타인의 기대나 관심으로 인해 능률이 향상되거나 결과가 좋아지는 현상을 말한다.(지식백과) 피그말리온 효과는 로젠탈 효과, 자성 예언, 자기 충족 예언이라고도 한다.

심리학적으로 인간은 누구나 자신에게 어떤 다른 사람이 관심과 기대를 갖고 있으면 그 사람의 기대에 부응해서 좋은 결과를 이끌어 낼 수 있도록 노력하게 되는 심리적 특성이 있다.

그리고 실제로 긍정적인 효과를 볼 수 있는 경우도 많다. 요약하면 '타인에 대한 긍정적 사고가 그 사람에게 좋은 영향을 미친다' 는 뜻이다.

특히 교육 심리학에서는 교사의 관심이 학생에게 긍정적인 영향을 미치는 심리적 요인이 된다. 한마디로 '칭찬은 고래도 춤추게 한다' 는 것인데, 박태환, 김연아, 손흥민 선수도 "금메달을 딸 수 있었던 것은 국민 여러분이 너무 많이 응원해 주었기 때문이다." 고 하였다. 국민들의 성원에 부응하였다는 의미다.

물론 의례적인 말일 수도 있지만 역할 기대치가 높으면 그 기대치에 부응하려는 것이 인간의 보편적인 심리현상이다. 이처럼 남이 기대하는 대로 움직이는 경향 즉 '말이 씨가 된다.' 라는 속담처럼 누군가 예언을 하면 그 예언은 신통하게도 실현이 된다. 예언을 함으로써 예언 자체가 실현되기 때문에 이때의 예언을 '자기 실현적 예언' 이라고 부른다. 피그말리온 효과와 비슷한 풍속은 우리나라 주술적 토속 신앙에서도 찾아 볼 수 있다.

첫째, 토테미즘으로 특정한 동식물을 신성하게 여기는 원시 신앙으로 마을 어귀의 큰 거목, 거북이, 자라 등을 신성시하고 소원을 빌기도 한다.

둘째, 애니미즘으로 모든 물체에 영靈이 있다고 믿으며 시골 마을 입구에 장승이라든가 서낭당, 동네의 큰 바위 등에 마을의 평강과 개인의 소원을 빌기도 한다.

셋째, 샤머니즘 즉 무당巫堂을 의미한다. 무당은 스스로 신내림을 통하여 신과 닿아있다고 주장하며, 사람들의 길흉화복을 점치는 점성술가의 역할을 하기도 한다. 입시철이 되면 팔공산 갓바위에 기도하는 학부모의 모습을 마냥 폄하 할 필요는 없다고 본다. 이러한 주술呪術적 토속 신앙은 비과학이지만 피그말리온 효과처럼 우리 생활에서 긍정적으로 작용하기도 한다.

필자가 어느 시골학교에서 있었던 사례다. 말썽 꾸러기인 A군을 어린이날 학교장 표창(봉사부문)을 하였더니 100% 행동이 바뀌어 모범생으로 거듭 난 사례다. 담임교사의 모범생(봉사상)이라는 기대에 부응한 것이다. 또한 도벽성 있는 학생 보고 체육시간에 "교실 책가방을 잘 지키고 있어야 된다" 고 미션을 주면 책가방 속 물건을 훔치기보다는 더 잘 지키는 경우였다. 이 또한 교사가 학생을 신뢰한다는 기대에 학생이 부응한 사례다. 존 로크가 말한 인간의 본성은 백지와 같다는 이론처럼 환경에 따라 백지에 그려지는 교육의 결과가 달라진다는 것을 시사한다.

이 때의 환경이라 함은 물리적, 심리적 환경을 포괄한다. 교사도 감정이 있기에 학생들에 대한 선입견은 가질 수 있으나, 교사의 언행에서 부정적 선입견은 절대 금물이다. 왜냐하면 교사는 학생들에게 언제나 큰 바위 얼굴이어야 하고 북극성 같은 존재가 되어야 하기 때문이다.

후츠파 정신

화가 마르크 샤갈, 물리학자 알베르트 아인슈타인, 정신분석학의 창시자 지크문트 프로이드, 페이스북 창업자 마크 저크버그, 전 연방준비제도 이사회의장 앨런 그린스펀, 영화감독 스티븐 스필버그 등의 공통점은 무엇일까? 과학 예술 등 각 분야의 슈퍼스타라는 점도 있지만 정확하게는 유대인이다. 유대인에게 어떠한 DNA가 있기에 이러한 걸출한 인물이 배출될까?

미사일이 쏟아져도 투자 봇물, 2006년 레바논 전쟁 때도 위기를 누른 혁신의 괴물이 숨 쉬는 곳, 사람은 둘인데 의견은 셋이라 할 정도로 논쟁을 권하는 사회, 학교나 기업에서 자신의 의견과 아이디어를 자유롭게 말할 수 있는 문화, 2천명 당 1명 벤처기업가, 아이디어만 있다면 정부가 벤처기업을 지원 한다.

이는 이스라엘의 얘기다. 그렇다면 후츠파 정신이란 무엇인가? 뻔뻔함, 당돌함, 철면피라는 이스라엘 말로 강한 도전(모험)정신을 말한다. 형식과 권위에 얽매이지 않고 서슴없이 질문하고 자유분방한 토론을 통해 해법을 찾아가는 창조정신을 의미한다. 그 후 몰입의 정신을 체화한다.

'몰입' 의 개념은 적어도 3일 이상동안 일상의 모든 것을 잊고 오로지 풀어야 할 문제만을 생각해야 들어갈 수 있는 고도의 정신 활동을 말하며 다음과 같은 몰입의 단계가 있다.

1단계- 생각하기 연습으로 20분간 생각하기를 하루 5번 2주 이상 연습하기.

2단계- 생각만으로 문제를 푸는 체험이 절대적으로 필요하다.

3단계- 최상의 컨디션 유지다. 이를 위해 좋아하는 운동을 하루 1시간씩 규칙적으로 한다.

4단계- 두뇌활동의 극대화로 7일 간 생각하기다.

5단계- 가치관의 변화로 몰입 체험을 통한 변화가 의의이며 최상의 삶에 대한 깨달음을 얻는 과정이다.

세계 유대인은 1천4백 만 명 정도로 미국에 590만 명 이스라엘에 530만 명 기타 289만 명 정도다. 하지만 지난해까지 노벨상 전체 수상자의 23%(195명)가 유대인이라는 통계는 매우 놀랍다.

유대인의 자녀교육은 7가지의 특징이 있다.

첫째, 자녀교육은 부모의 의무다.

둘째, 부모는 자녀의 신세를 지지 않는다.

셋째, 몸보다 머리를 써서 살도록 기른다.

넷째, 생각을 유도하기 위해 계속 질문을 한다.

다섯째, 배움을 꿀처럼 달콤하다는 것을 반복 체험시킨다.

여섯째, 유대인으로서의 정체성을 교육한다.

우리나라 선조들도 유대인 못지않는 유장悠長한 창조정신의 DNA가 핏줄에 흐르고 있었다. 세종대왕의 한글 창제, 이순신 장군의 철갑선인 거북선, 독일의 쿠텐베르트보다 2백 여 년 앞선 금속활자인 직지심경, 세계 최초의 측우기 등은 그 결과물이다.

이와 같은 선조들의 창조정신이 곧 한국의 후츠파 정신이라 할 수 있다. 독일의 철혈 재상 '비스마르크'는 "어리석은 사람은 경험에서 배우고 현명한 사람은 역사에서 배운다."고 하였다. 역설적이지만 "말 안 듣는 아이가 천재다."라는 말이 있다. 교단 경험에서 얻은 교훈이다.

A
B
C

4부. 뜨락

- 개미지옥
- 거꾸로 교육
- 구성의 오류
- 근원적 독점(Radical Monopoly)
- 벌새효과
- 소유효과
- 퍼팩트 스톰
- 한글의 인수분해

개미지옥

'개미지옥' 의 사전적 정의는 명주 잠자리 애벌레가 모래 땅 위에 파 놓고 숨어 있는 깔때기 모양의 구멍을 말 한다. 이 구멍에 개미가 빠지면 개미는 빠져나오려고 발버둥 치면 칠수록 더 깊은 구덩이로 들어가게 되어 결국에는 명주 잠자리의 먹이가 되고 만다. 이렇듯 우리 주변에서 '하면 할수록' 처럼 주면 줄수록, 숨기면 숨길수록, 거짓말하면 할수록 빠져나올 수 없는 경우를 '개미지옥' 이라고 인용 한다. 미국 속담에 '구덩이에 빠지면 아래를 더 깊이 파지 마라' 는 속담처럼 실수를 만회하려다 또 실수하는 법이다. 교육감 직선제 이후의 복지 포퓰리즘은 '개미지옥' 의 전형이다.

예를 들어 무상 시리즈는 학부모들의 공짜 감각의 역치(閾値 ·

감각세포에 흥분을 일으킬 수 있는 최소 자극의 크기를 말하며, 그 때 작용요인의 크기, 즉 작용요인의 유효한 최소치를 말 한다)를 한껏 높여 놓았다. 선거에서 이기기 위한 선심정책은 교육감 직선제의 최대 패착이자 암종이다. 이제 더 큰 만족을 얻기 위해서는 더 많이 퍼부어야 할 것이다.

무상급식에서 출발한 무상 시리즈는 학생들의 교복비, 교통비, 수학여행 경비와 체험 학습비까지 지원한다고 공약空約하는 지경에 이르렀다. 일부 지자체에서 청년수당으로 현금을 살포 하더니 이젠 정부 차원에서 지원한다. 실로 요람에서 무덤까지 무릉도원이 따로 없고 우리나라가 마치 유토피아인양 착각을 하게 만든다.

학생인권 역시 '개미지옥' 으로 향하다 보니 교육은 실종되고 생활지도에서 학생 인권은 성우(聖牛 · sacred cow : 힌두교에서 신성시 되는 소)가 된지 오래 되었다. 이렇다 보니 교육은 실종되고 이념과 정치가 교육계를 혼탁하게 하여 진흙탕이 되고 있다. 이같이 '개미지옥' 은 처음에는 꿀처럼 달콤할 수 있으나, 마지막에는 말벌에 쏘여 목숨까지 잃을 수 있음을 명심해야 한다.

공유지의 비극

공유지와 같은 공유자원은 소유권이 설정되어 있지 않기 때문에 과다하게 사용되어 고갈된다는 내용이다. 예를 들어 초원이 공유지라면, 양이나 소를 키우는 사람들이 자신들의 가축이 그 초원의 풀을 마구잡이로 뜯어먹게 하여 초원이 폐허로 변할 우려가 크다. 세금의 경우 공공적 성격 때문에 펑펑 낭비하게 됨으로써 공동 소유의 목장이 순식간에 황폐화되는 공유지의 비극같은 결과를 초래할 수 있다. 우리나라도 포퓰리즘이 성행하다 보니 베네수엘라와 그리스행 급행열차에 올라타는 꼴이 되지 않을까 심히 우려스럽다.

학생은 부모의 자장권에서 성장

자녀들은 부모의 가치관, 언행 등에서 부지불식不知不識 간에 부모를 닮는다. 이는 부모의 자장권磁場圈에서 성장하기 때문이다. 그래서 학부모의 투철한 교육관과 가치관이 중요하다. 성장하는 자녀들이 잘못된 방향으로 뛰면 뛸수록 원래 목표에서 멀어져 결국에는 돌이킬 수가 어렵게 된다. 그래서 '개미지옥'에 빠지면, 빠져 나오기가 '구운 계란에서 병아리가 나올 확률만큼이나 낮다' 고 한다.

필자가 Y시의 면소재지 학교에 근무할 때 공짜에 맛들인 학부모 A의 사례다. 유치원 자녀들 간의 가벼운 싸움이었다. 얼굴을 주먹으로 맞아서 안과 치료, 정신과 치료 명목으로 2천만 원을 요구하던 기억하기 싫은 사례다.

당시 담임교사는 막말과 협박에 초죽음이 되다시피 괴롭힘을 당하였다. 해결이 안 되자 학교장까지 해결사로 나서게 되었는데 악질 민원이자 상식 밖의 행동으로 돈을 뜯어내기 위한 학부모의 술수였다.

(중략), 민원인의 얘기를 조용히 들어 보면 떼 법을 쓰면 학교에서는 가능하면 사건을 조용히 덮고 해결하려 한다는 점을 노리고 공짜 맛에 길들은 사례다. 이 같은 사실을 당사자들의 자녀는 알고 있을 텐데 교육적으로 부모는 뭐라 설명할 것인가? 공짜의 역기능이 심화되어 아무리 인간성이 상실 되었다 해도 우리나라는 전통적으로 아름다운 미풍양속이 있다.

사람답게 살기 위해 '잃어버리고, 사라지고, 놓쳐 버린 것'을 찾아야 한다. 〈상식밖의 경제학〉의 저자 댄 아리엘리Dan Ariely에 따르면, '공짜가 가장 비싸다' 고 하였다.

거꾸로 교육

우리나라의 유 · 초 · 중등교육부터 고등교육에 이르기까지 획기적인 수업 혁명은 21세기 시대정신이다. 연세대 김용학 총장은, 현재 대학교육 모델은 60~70년대 초기 산업사회에 개발된 모델로서 전공 지식을 주입해 산업 현장에서 30년 이상 써먹은 대량교육 시스템이라고 말한다. 이래서 교육부는 2017학년도부터 과학 교과를 시작으로 '거꾸로 교육Flip learning'을 실시하기로 하였다.

플립러닝은 지난 2009년 미국의 한 시골학교가 시작한 새로운 교육방식이다. 기존의 교실 개념을 완벽하게 뒤집었다. 플립러닝은 강의식 · 주입식 수업이 아닌, 동영상에 의한 사전 예습과 말하기 중심의 자발적 수업 참여를 핵심으로 한다. 이러한 플립러닝은 메타인지이론[1]과 중요한 연계성을 갖는다.

단순 암기식의 기계적 반복 학습이 아닌 내가 공부한 내용을 누군가에게 말로 설명할 수 있고, 가르쳐 줄 수 있는 수준의 학습을 말한다. 학습한 내용을 말로 설명을 할 때 내가 아는 것과 알고 있다고 착각하고 있는 것에 대해 명확히 하여 다시 한 번 머리 속에 각인시켜 나갈 수 있다.

반면, 잘 모르거나 잘못 이해하고 있는 개념에 대해서는 보완학습 및 재인지 과정을 통해 바로 잡을 수 있다. 흔히 우리가 상위 1%라고 부르는 우등생들은 같은 시간을 공부하더라도 학습효과 및 학업 성취도 면에서 높은 성과를 얻을 수 있는 것도 바로 메타인지 능력이 더 발달했기 때문이다.

하브루타 교육

플립러닝은 유대인들의 학습법인 하브루타와도 연관이 있으며, '하브루타' 라는 명칭은 유대어 '하베르(친구)' 에서 파생되었다. '하브루타' 란 친구 즉 파트너 그 자체를 의미한다. 따라서 교육법의 내용 역시 파트너와 함께 대화하고 소통하는 것을 통해 서로가 학습력을 키워갈 수 있다. 하브루타는 탈무드에서 유대인들이 공부파트너를 두고 1:1로 서로 토론하면서 공부하

1) 메타인지이론 : 인지 과정을 점검하고 조절할 수 있는 능력으로 목표와 계획 수립, 시행 및 점검 감독, 평가와 조절을 할 수 있다. 따라서 메타인지는 정확한 지각, 주의집중 향상, 효율적이고 과제에 맞는 기억 및 학습 전략을 사용하도록 하여 학업성취를 향상시켜 준다.

는 방식이다. 토론식 수업의 장점은 바로 각자 자신이 학습한 내용을 가지고 상대방에게 설명하고 자신의 주장을 논리적으로 설득하는 데 있다.

전 세계 인구의 0.2%에 속하는 이들이 노벨 수상자의 22%, 아이비리그 재학생의 33%, 미국 억만장자의 40%를 차지할 수 있었던 성공비결에는 유대인들의 독특한 학습법 '하브루타'가 있었기 때문이라고 세계의 전문가들은 말한다.

두 사람 이상이 모여 대화와 토론을 하며 논쟁을 즐겼던 그들만의 학습법은 이미 교육계에서도 오래 전부터 주목을 받아왔다. 말하기를 통해 메타인지 능력을 향상시키고, 하브루타를 기반으로 끊임없이 생각하고 뇌를 격동시킬 수 있는 것이 바로 플립러닝이다.

예전에는 교실에서 수업을 듣고 집에서 숙제를 했지만, 거꾸로 집에서 지식과 정보를 먼저 습득하고 학교에서 실험, 토론, 문제해결 프로젝트를 수행한다. 교사도 교과내용을 가르치기보다는 학생들과 상호작용을 하거나 심화된 학습을 하는데 더 많은 시간을 할애 한다. 이제는 '협업적 문제해결 학습' 등 새로운 시도를 하고 있는 일선학교가 늘어나는 것은 대단히 고무적인 현상이다.

"학습 효율성 피라미드"에 의하면 강의 듣기 5%, 읽기 10%, 시청각 수업 20%, 시범강의 30%, 집단 토의 50%, 실제 해 보기 75%, 서로 설명하기 90%이다. 어느 세대이던 변화의 물결과 정책의 연속성 사이의 갈등은 있었다. 이를 어떻게 해결하느냐에 따라 교육의 르네상스가 열릴 수도 있고, 반대의 경우가 될 수도 있다.

그런 의미에서 거꾸로 교육과 더불어 최근 대구 교육청과 제주 교육청이 인터내셔널 바칼로레아IB[2]를 시범 도입한다고 한다. 초중등 교육에서 논술형 혹은 서술형 평가를 추구하는 것은 바람직한 방향이다. 우리나라 교육이 이러한 변화에 능동적으로 대처하지 않으면 세계문명사에 독립변인이 아닌 종속변인으로 살아갈 수밖에 없다.

2) 논술 및 철학을 필수로 하는 프랑스의 대학 입학 자격시험

구성의 오류

'구성의 오류'는 개별적으로는 합리적 이유에 따른 선택이지만 집단적으로는 손해가 되는 것을 의미한다. 환언하면 개인적으로는 이익이 될지 몰라도 전체구성은 손해되는 경우다. 상술하면 전국 상위 1% 학생이 특정 학과에 집중된다면 개인적으로는 좋을 수 있다. 하지만 국가적으로는 우수인력의 쏠림 현상은 사회발전의 저해 요인이 되기 때문이다.

설혹, 부분적으로는 그 구성 요소들이 어떠한 명제를 성립시킬 수 있지만, 전체적인 관점에서는 성립시키지 못 한다. 쉽게 말해서 나무만 보다가 숲을 못 보는 이치와 같다. 예를 들어 축구 스타 손흥민 선수를 유럽의 명문 구단에서 뛰지 않고 국내 어느 무명 구단에 와서 선수로 뛰게 한다면 어떠한 결과가 예상될까? 구성의 오류에 해당한다. 이는 적재적소와 4촌 정도 되는 용어다. 공연 관람 중 누군가 더 잘 보기 위해 일어선다면, 뒤의 관람객들도 모두 일어나 공연을 관람하게 될 것이다.

한 사람만 일어서서 공연을 관람한다면 그 관객은 공연을 더 잘 볼 수 있다.(부분적 성립) 하지만 모두가 일어나서 공연을 관람하는 것은 공연을 더 잘 보는 것에 도움이 되지 않는 것이다.(전체적 불성립)

반면, '구성의 오류'의 반대 개념인 '분할의 오류'는 어떤 대상에 대해 전체적으로는 좋은데 어느 한 부분이나 구성 요소에 적용하면 옳지 못한 경우를 가리킨다. 이를 '분할의 오류'라고 한다. '구성의 오류'와 '분할의 오류'라는 두 명제는 일상생활 전반에 걸쳐서 잘못 선택하면 큰 낭패를 보기 십상이다.

우리나라 학부모와 학생들은 의전, 법전, 치전 등 한 쪽으로 진학을 하려고 한다. 우수 인력의 쏠림 현상으로 개인적으로는 타당하고 합리적인 선택을 하였어도 국가 · 사회적으로 보면 대단한 약점이 될 수도 있다. 왜냐하면 고급 두뇌의 쏠림은 국가적 인재 운용의 '구성의 오류' 사례다. 고급 두뇌가 정치 경제 사회 교육 문화계 등에 골고루 포진되어야 국가 전략상 건강한 사회가 되기 때문이다.

진보 교육감들이 개혁이라는 미명 아래 평교사를 시 · 도 본청의 주요 국 · 과장으로 보직하고 무자격 교장, 교육장을 양산하는 것도 '구성의 오류' 사례이다. 지난 해 2학기 내부형 공모 교장(평교사가 교장으로 임용되는 제도) 35명 중 18명이 전교조 출신이다. 8년 간 공모교장 중 56%를 전교조가 독식하였다. 이 대열에서 배제되어 남아 있는(99.9%) 일선 교사들의 사기와 허탈감을 예상이나 해 보았는가? 그들의 정서적 직무 피동성으로 인한 교육력의 저하는 산출하기조차 어려울 정도다.(*한국갤럽 전교조 인식조사 부정 48%, 긍정 19% 보류34%) 우리나라 교육현장에서 대표적인 '구성의 오류' 사례다.

'절약의 역설' 도 마찬가지다. 국민들이 지갑을 닫다 보니 소비 심리가 위축되어 국가 경제가 더 나락으로 빠져들게 된다. 이 뿐만 아니라 풍년 농사에 쌀값이 폭락하여 농민들의 실질 가계 소득이 줄어 드는 경우 등 이 모두가 구성의 오류에 해당 한다. '분할의 오류' 에 대하여는 전주비빔밥이 유명하다고 해서 전주의 모든 비빔밥이 맛있다고 할 수는 없지 않은가?

하나의 예를 더 들면 개인적으로 우수한 신입 사원을 학연, 지연 등 갖가지 부분적인 요소로 평가한다면 이 또한 '분할의 오류' 에 해당 한다. 우수한 신입 사원을 입사에서 탈락시키는 우를 범하게 되어 회사 입장에서는 손실이 클 수밖에 없다. 전술한 두 명제의 사례에서 보듯 국가의 교육 정책은 학생들이 '구성의 오류' 에 빠져서도 안 되고, '분할의 오류' 에 빠지게 해서도 안 된다. 학부모의 현명하고 지혜로운 판단과 선택이 요구된다.

근원적 독점(Radical Monopoly)

〈학교 없는 사회〉의 저자인 사상가 이반 일리히가 만든 조어造語다. 새로운 발명품이 거꾸로 우리의 삶을 지배하는 현상을 말 한다. 문명의 이기 즉, 기술의 발달에 따라 새로운 제품이 생기면 처음에는 '있으면 좋은 것' 이었다가 점차 '없으면 곤란한 것' 으로 변해가는 소비자 심리 현상이다.

이렇게 어떤 물건이 없어서는 살아갈 수 없는 환경을 만들어 그것을 계속 사용하도록 요구가 강요되는 것을 '근원적 독점 Radical Monopoly' 이라 한다. 자동차와 휴대전화, 냉장고 세탁기가 '근원적 독점' 의 대표적인 사례다. (*선택이 아닌 필수품)

특히 휴대전화는 없을 때 초조해 하거나 불안감을 느끼게 하는 ' 노모포비아Nomophobia현상[3]' 까지 나타나고 있다.

이와 유사한 청소년들의 컴퓨터 게임은 무엇이 문제일까?

첫째, 기회비용이 낮은 취미라고 할 수 있다.

둘째, 중독성이 우려되는 취미활동이다.

셋째, 가상공간에 빠져 현실의 대인관계가 나빠질 수 있다.

그렇다면 자녀들이 빠져드는 컴퓨터 게임의 예방과 치료방법은 없을까?

첫째, 어릴 때부터 온라인 게임에 빠지지 않는 환경을 조성해 준다.

둘째, 게임을 하게 되면 선별 해 가면서 하게 한다.

셋째, 컴퓨터 게임보다 더 좋은 취미활동을 어려서부터 안내해 준다.

청소년들에게 컴퓨터 게임은 불가근불가원不可近不可遠의 놀이기구이자 그들의 문화다. 하지만 중독성이 심하여 잘못하다가는 전봇대 반전 포스터의 총구처럼 자신의 심장을 겨눌 수도 있는 이치와 같다. 이래서 청소년들에게 컴퓨터 게임은 '근원적 독점' 사례다. 그 밖의 사례로 청소년들의 음식문화에서도

3) 노모포비아(Nomophobia) : 스마트 폰 없이 생각하거나 살아가는 걸 힘들어 하는 사람을 일컫는 말

볼 수 있다. 인스턴트 식품의 대표 격인 '라면'이 그러하다.

더불어 청량음료를 비롯하여 성인들의 술과 커피도 넓은 의미에서는 '근원적 독점' 사례다. 이는 필요악일 수도 있고 양날의 칼과 같다. 독점은 경제에서만 나타나는 것이 아니라 알게 모르게 이루어진 사회 각 분야의 독점에 대한 사람들의 의존이야말로 근본적이고 장기적으로 우리가 풀어내야 할 숙제이다.

이러한 현상은 '경로 의존성'의 심화로 '근원적 독점'에 종속되는 부작용을 낳을 수 있다. 요즘 모 TV 프로 '자연인'이 인기를 끄는 이유가 문명의 '근원적 독점'에서 벗어나고 싶어 하기 때문이라면 논리의 비약일까? 특정한 가치와 삶의 방식에 얽매이지 않고 노마드nomad, 디지털 기기를 들고 다니며 시공간의 제약을 받지 않고 자유롭게 사는 사람들로, 제한된 가치와 삶의 방식에 매달리지 않고 끊임없이 자신을 바꾸어 가는 유목민한 삶을 그리워 하는 사람들이 대리 만족하기에 인기가 있다고 생각된다.

벌새효과

식물이 번식하는 화분을 만들 뿐만 아니라 꿀도 동시에 만듦으로서, 그 꿀과 화분을 얻기 위해 벌새가 날개 구조를 진화시킨 데서 유래한 용어이다. 꿀을 빨아 먹는 동안 공중에 떠 있어야 하는 벌새는 날개를 위아래로 움직여 꽃 주변을 맴돌 수 있는 비행술을 진화시켰다. 식물의 번식 전략이 벌새의 날개 구조까지 변화시킨 것처럼 의도하지 않은 파생 효과를 '벌새효과Hummingbird Effect' 라 한다.

꽃가루의 진화가 벌새의 날개 구조를 바꿔놓을지 누구도 생각하지 못했듯이, 한 분야의 혁신이 완전히 다른 영역의 변화를 이끌어 내는 인과관계를 말 한다. 세계 3대 히트 상품이라는 비아그라도 사실은 심장병 약을 투약하는 과정에서 부작용을 과학화 상업화 실용화한 예다. 성경의 번역과 종교개혁이 디지털 세상과 무슨 관련이 있으며 어떤 연결 고리가 있을까? 이들은 아무런 관련도 연결고리도 없을 듯 하지만 연관성이 매우 깊다.

15C 쿠텐베르크의 인쇄술 발명이 압권이자 시원始原이다. 인쇄술의 발명은 종이 성경을 대량으로 보급하였다. 따라서 당시 사제들만이 읽던 성경을 누구나 읽을 수 있게 되었다. 이로 인하여 종교개혁을 촉발하였고 누구나 하나님 앞에 나아갈 수 있다는 '만인 제사장' 사상이라는 사고의 대전환을 가져오게 되었다.

이후 성경을 많은 사람이 읽게 됨으로서 노안과 원 · 근시인 사람들이 많아졌다. 이렇게 되자 돋보기와 안경이 필요했다. 그 결과 안경의 수요가 폭증하면서 유리 제조에도 혁신적인 변화가 일어났다. 자본의 축적은 정교한 렌즈의 발명으로 이어져 망원경과 현미경의 발명으로 이어졌다. 망원경의 발명은 천문학과 우주과학의 발전으로 이어졌으며, 현미경의 발명은 세균학의 발전을 가져왔다.

이는 현대의학의 발전으로 이어졌으며, 세포의 발견으로부터 DNA분석 등 유전학의 발전이 연관 산업으로 발전하게 되었다. 그 후 원자와 분자 발견으로 인한 신소재 산업 등으로 이어졌다. 이것의 연결도를 그려보면, '성경읽기 →안경 →망원경 · 현미경 → 천문학, 미생물학의 발전 → 우주과학과 의학의 발전' 이다. 또한 '성경 →안경 →유리섬유 →광섬유 →통신의 발달 →스마트폰, 디지털 세상' 등을 그려볼 수 있다. 놀라운 연관성이 아닌가?

오늘 지금Now & Here 다가올 시대를 꿈꾸는 동안 다가올 시대는 창조되고 있다. 이러한 꿈은 치열하게 경쟁하는 교실 공간에서는 불가능하다. 꿈은 생각지도 못한 다른 종류의 공간에서 돌출하며 자란다. 규격과 틀이 적용되지 않는 즐기는 공간에서 발생을 한다. 사람들이 가장 신바람 나게 움직이고 생각하는 곳에서 미래가 탄생한다. 학생들이 웃고, 즐기며, 떠드는 가운데 '멋진 아이디어' 가 탄생 된다.

우리 자녀가 지금 만개한 꽃처럼 화려하지 못하여도 원석과 같이 투박해도 실망할 것 없다. 벤처의 격언처럼 "죽음의 계곡과 다윈의 바다를 건너야 살아 남는다" 그 후과는 세계에서 가장 품질이 좋은 센터너리 다이아몬드[4]로 거듭나게 될 것이다. 문명 발달의 전이는 청소년들의 무한한 잠재력 계발과 맥을 같이 한다. (*홍콩 시위에서 얼굴의 2/3 이상을 왜 가렸는가? 미국을 앞지르는 중국의 '안면인식 기술' 때문이라고 한다)

그래도 기댈 곳은 청소년들의 벤처 정신밖에 없다.

---

4) 남아공에 있는 드비어스의 프리미어 광산에서 발견된 다이아몬드 중 세 번째로 큰 다이아몬드이다.이 스톤은 정식으로 가격을 매긴 적은 없으나 1991년 공식 행사에 모습을 드러낼 당시의 보험 책정가는 1억 달러였다.

소유효과

행동경제학자인 미국 시카고대 리처드 탈러 교수는 수강학생들 중 일부를 무작위로 뽑아 학교 로고가 새겨진 머그컵을 나눠주었다. 컵을 받은 학생들과 컵을 받지 못 한 학생들에게 사고 팔 때의 적정 가격을 쓰게 하였다. 무작위로 뽑았기에 학생들 간에 특별한 선호의 차이는 없었다. 하지만 컵을 받은 학생들은 평균 5.25달러를 받고 팔겠다고 한 반면, 컵을 사려는 학생들이 적어낸 가격은 평균 2.75달러에 불과했다. 똑 같은 컵을 놓고 매매가가 거의 두 배나 차이가 났다.

사이먼 프레이저대학에서도 비슷한 실험이 있었다. 잭 네치 교수는 학생들을 두 그룹으로 나눠 A그룹에는 초콜릿을, B그룹에는 2 달러씩을 주었다. 그리고 A그룹 학생들에게 판매할 초콜릿의 가격을 물어봤다. A그룹 학생들의 답은 평균 1달러 83센트였다. 반면, 2달러를 가진 B그룹 학생들은 초콜릿의 가치를 평균 93센트로 평가했다. 역시 두 배 차이가 났다.

왜 그럴까? 머그컵이든 초콜릿이든 자신이 소유한 경우에는 '내 컵', '내 초콜릿' 이지만 사려는 사람에겐 수 많은 컵, 초콜릿 가운데 하나일 뿐이다. 이처럼 사람들은 자신이 갖게 된 것에는 더 높은 가치를 부여하는 경향이 있다. 이를 행동경제학에서 '소유 효과' 라고 한다.

이를테면 자신의 선택, 생각, 소유물에 훨씬 높은 가치를 부여하는 것을 말 한다. 일명 보유효과, 보존효과, 관성효과, 박탈회피 등이라 불리기도 한다.우리는 실생활에서 부동산을 사고 팔 때, 주식을 사고 팔 때 합리적인 가격 결정의 오류를 범하게 되는데, 이를 소유효과의 인지편향이라 부른다.

이래서 자녀들에게 소유효과의 역기능을 최소화 하는 교육이 요구된다. 자녀들의 일상에서 부딪치는 각종 선택, 자신의 생각, 소유물 등에 대한 판단의 준거를 합리성, 객관성, 타당성의 잣대로 판단하는 능력을 길러야 한다. 살아가면서 옹고집, 외골수, 배타성, 유아독존적인 가치관은 합리적인 수용, 포용, 판단에 반 한다. 왜냐하면 우리의 삶은 가치판단의 연속이기 때문이다.

퍼팩트 스톰

퍼펙트 스톰Perfect Storm은 위력이 크지 않은 둘 이상의 태풍이 충돌해 그 영향력이 폭발적으로 커지는 자연 현상을 말한다. 그런데 기상환경 용어지만 경제 · 사회 용어로 더 많이 사용된다. 두 가지 이상의 악재가 겹쳐 영향력이 더욱 커지는 현상을 일컫는다. 이를테면 엎친 데 덮친 격으로 혹은, 설상가상으로, 위기가 한꺼번에 오는 현상을 말 한다. '후지와라 효과' (*거대한 두 태풍이 밀려 오면 전문가도 진로 예측하기가 힘들다고 한다)와도 4촌 정도 되는 용어다.

그렇다면 우리나라 교육 현실에서 퍼팩트 스톰은 무엇일까? 한국갤럽 조사에 의하면 우리나라 교육의 문제점으로 사교육과 입시경쟁을 들었다. 영국인도 못 푸는 영어문제, 인도의 영재도 힘들어 하는 수학문제, 남보다 0.1점이라도 높아야 되는 변별력을 요구 한다. 우스갯소리지만 한국에서는 감옥도 학벌 순으로 가고, 스님도 하버드를 나와야 인기를 얻는다고 한다.

청소년들의 꿈(희망)의 길은 100가지도 넘는 데 학력만으로 줄을 세우니 출구가 안 보인다. 고교생 중 수능 1~3등급은 추후(나중에)치킨을 시켜먹고, 4~6등급은 치킨을 튀긴다. 7등급 이하는 치킨을 배달한다는 자조는 한 줄 서기 교육의 어두운 그늘이다. 이렇다 보니 청소년들에게 '르상티망Ressenttiment · 약자의 강자에 대한 복수심' 에 그럴듯한 당의정을 덧씌워 교육을 멍들게 하고 있다.

이제는 청소년들이 BTS, 소녀시대 모두하고 데이트 하는 기분으로 학교문화를 바꾸어야 희망이 있다. 그러기 위해서는 그들의 꿈과 끼를 살리는 '행복한 학교문화' 를 조성해야 한다. 하지만 콜라를 마시고 싶은 데 살은 찌기 싫은 즉 다이어트 학습 심리는 안 된다.

〈다윗과 골리앗〉의 저자 맬콤 그래드 웰은 "세상은 거대한 골리앗이 아니라 상처받은 다윗에 의해 발전한다"고 하였다. 청소년들이 때로는 보헤미안처럼 방황을 해도 철없는 치기稚氣로 무시하면 안 된다. 먼 장래로 볼 때 그래도 국가의 희망은 그들에게 있기 때문이다.

교육의 퍼팩트 스톰(사교육과 입시경쟁)을 극복하는 지혜를 모아야 할 때다. 재치기와 사랑은 숨길 수 없듯이 교육 정책의 실패를 인정하고 새 판을 짜야한다. 세계적인 한류 전도사 BTS, 류현진, 손흥민, 박세리, 최경주, 박인비, 미스트롯의 송가인 등 그들의 공통점은 국가 정책이 강압할 수 있는 공간(법규)이 없기 때문이라는 말에 우리 교육의 미래가 있다.

한글의 인수분해

오늘날 지구상에는 191개 나라 60억 명 정도의 인구가 살고 있다. 그들이 사용하는 언어는 대략 6,700개 정도 이고 300여 개의 문자를 갖고 있다. 그 중 현재 인류가 사용하는 문자언어는 대략 30여 개 정도 된다고 한다. 언어학계에서 세계 최고의 권위를 자랑하는 영국의 옥스퍼드 언어대학(1990)이 30여 개의 문자언어를 대상으로 합리성, 과학성, 독창성을 기준으로 하였을 때 한글이 세계의 문자 1위라고 하였다.

그 뿐만 아니라 미국의 J. 다이아몬드 교수는 한글이 세계 문자 가운데 가장 훌륭한 글자여서 한국에는 문맹자가 거의 없다는 논문을 디스커버리지에 발표한 바 있다. 그런가 하면 동티모르는 1999년 인도네시아로부터 독립한 신생국으로, 국민들의 80%가 떼뜸을 사용하고 있다. 그러나 이를 표현할 고유 문자가 없어 영어철자를 빌려 쓰고 있지만, 떼뜸의 정확한 발음을 표기할 수 없어 우리나라 한글이 수출된 자랑스런 사례다.

또한 각국의 언어학자들을 중심으로 한국어를 세계 공통어로 쓰면 좋겠다는 토론을 한 바 도 있다. 이처럼 한글의 우수성은 세계에 널리 알려져 있다. 올 해 한글날을 맞이하여 우리말을 배우는 전 세계 60개국 180곳 세종학당 학생 1,228명에게 가장 아름답다고 하는 한국어를 물었더니 ①사랑 ②안녕 ③아름답다 ④별이 뽑혔다. 한국노래 1,2위는 방탄소년단의 '봄날'과 'Answer: Love myself' 3위는 '아리랑'이 뽑혔다.

단행본 소설 한 권 분량이면 대략 20만 자 정도 된다. 그 20만 자를 한글로 인수분해 하면 모음 10자 자음 14자 합하여 24개의 글자만 남는다. 이는 거의 매직에 가깝다. 이렇게 과학적이고 창의적인 우수한 한글이 수난 시대다. 우리말의 풍요로움은 어휘에서 나오는데 단조로운 어휘력은 무미건조 할 따름이다.

세계적인 대문호 세익스피어의 작품을 분석해 보면 2만 1천 개의 단어를 사용했다고 한다. 그런데 3대 고전작가인 라신도 활용 단어가 2천 개정도 밖에 안된다. 세익스피어는 12개 단어당 하나 꼴로 새로운 언어를 창조하였는데, 가히 그의 조어력은 천재적이다. 세익스피어가 만든 조어는 2천 여개로 예를 들면 컨트롤, 힌트, 패셔너블fashionable 등이 있다.

한글의 산업화

이제는 영상매체와 문자매체의 조화를 이뤄 언어문화의 발달에 새로운 버전이 모색되어야 할 것이다. 세계화 및 지역화 협회GALA에 따르면 세계 언어산업은 현재 1만 8천여개에 달하는 종합 언어 서비스회사가 주도하며 2015년 40조원의 막대한 매출을 내고 있다. 참고로 세계 20대 언어 서비스회사 중 미국 6개, 영국 4개, 중국과 일본이 각 2개다. 우리나라는 재미 교포 회사가 설립한 지사가 하나 있는 정도다.

한글과 IT 기술을 접목한 삼성 폰은 훈민정음 창제 원리인 천지인天地人의 모음을 단순화 하였고, LG 사이언은 자음을 단순화 시켰다. 이처럼 언어산업은 레드오션이 아닌 블루오션이다. 우리나라는 과학적인 한글, 세계적인 IT강국으로 유능한 인재풀이 넘쳐난다. 국가는 그들에게 멍석을 깔아주기만 하면 된다.

5부. 마음대로 프리즘

- 기본적 귀인 오류
- 밴드 왜건 효과
- 붉은 깃발 조례(Red flag act)
- 스탠퍼드 감옥 실험
- 에펠탑 효과
- 이분법 X 이분법 사고 = 사분법의 관점
- 침묵의 나선 이론
- 코테일 효과
- 팔꿈치 사회
- 포지티브 시스템과 네거티브 시스템
- 하인리히 법칙

기본적 귀인 오류

제자 A는 전도가 촉망되는 직장인이였다. 학창시절 예의가 바르고 성적도 상위권 학생이 대학 졸업 후 첫 신입사원 시절 겪었던 황당한 사례다. 대기업의 부서장은 자기가 태어난 고향 이외의 직원에게는 항상 보이지 않는 편견과 배타성을 갖고 있었다. 예를 들면 똑같이 좋은 실적을 올렸건만 고향 직원한테는 필요 이상의 칭찬과 심리적 보상이 따르고, 고향사람이 아닌 본인에게는 인색하다는 것을 알면서 근무하였다. 당연히 직무 만족도가 낮을 수밖에 없었다.

다른 제자 B는 가정 형편상 지방대학을 졸업하였지만, 다행히도 누구나 부러워하는 금융계에 입사를 하였다. 입사 후 상황을 보니 대부분 명문대 출신이 많아 보였다. B는 이를 극복하기 위해 누구보다 성실히 일하고 직장예절도 잘 지켰다고 자부하며 근무하였다. 하지만 부서장은 사소한 실수나 직무에서 힘들어 하면 지방대학 출신이라서 그렇다고 노골적으로 불만을 표하였다고 한다. 자존심이 너무 상해서 견디다 못 해 퇴사하고 지금은 공무원이 되었다.

전술한 두 사례에서 다른사람의 행동을 해석할 때 인종, 학력, 출생지 등 기본적 성격 요소의 중요성을 과대평가하고, 상황이나 맥락의 중요성을 과소평가하는 실수를 하고 있다. 이 같은 현상을 '티핑 포인트' '의 저자 맬컴 그래드 웰은 '기본적 귀인오류Fundamental attribution erro' 라 칭하였다. 이는 자신의 신념과 일치하는 정보는 받아들이고, 일치하지 않는 정보는 무시하는 경향이 있는데 이 같은 심리적 현상을 '확증편향' 이라 일컫는다.

이러한 사회 분위기는 사회통합을 가로막고 갈등을 부추기는 불합리하고, 비이성적으로 일부 정치인과 NGO 및 운동권 출신들에게 뿌리가 깊다. 그들은 도그마Dogma[1]와 자아도취적인 도덕적 우월감이 강하다. 또한 자기 프레임에 젖어 있기에 닫힌 사고의 증상이 심각할 뿐 아니라 자기들이 하는 일은 절대선善이고 옳다는 '인지 오류' 에 빠지게 된다.

이렇다 보니 타인에 대한 관용과 이해심 보다는 배타성이 아

1) 독단적인 신념이나 학설

주 강하다. 그래서 끼리끼리 문화가 몸에 배어 있다. 까마귀 떼 속에서 홀로 백로임을 자처한다. 이는 오만의 극치로 시민정신에 반하는 '우월적 착각' 이다. 따라서 기본적 귀인 오류는 합리사회에 반하는 현상이다.

미래학자 토머스 프레이미국. 다빈치연구소는 앞으로 10년 간 전 세계 대학 절반가량이 사라질 것이라고 하였다. 그리고 대학도 2주~2개월짜리 짧은 교육을 제공하는 마이크로 대학이 대세가 될 것이라고 말 한다. 그리고 평생 8~10개 정도 직업을 바꿔가며 일하게 될 것이라고 전망하였다. 따라서 교사는 우직한 항심恒心으로 청소년을 교육시켜야 국가의 중심 가치가 흔들리지 않고 바로 설 수 있을 것이다.[2]

2) 종교학에서 이성(理性)적인 비판이 허용되지 않고 증명을 필요로 하지 않는 교리(敎理)나 교의(敎義)를 말 한다.

밴드 왜건 효과

밴드왜건 효과bandwagon effect란? 뚜렷한 주관 없이 다른 사람들의 선택을 따라하는 것을 일컫는 말로 '편승효과' '무리효과' 라고도 한다. 정치와 경제에서 많은 사람들의 선택에 편승해서 투표를 하거나 상품을 소비하는 현상을 이르는 말이다. 많은 사람의 선택에 이유가 있을 것이라 믿는 사회적 증거나 동조 현상과 관련이 깊다. 다수에 속함으로서 안정감을 느끼고 싶어 하는 안전 욕구가 편승 효과를 만들어 낸다.

"친구따라 강남 간다"는 말이 시사하듯 인간은 군중심리에 잘 편승하고 동화되는 경향이 있다. 학생들은 가치판단력이 미숙하다. 따라서 사회현상이나 매스컴 등의 영향으로 자신의 주관없이 잘 흔들리게 된다.

이래서 매스컴의 사회적 책무성과 교사의 언행은 학생들에게 상당한 각인효과가 있기에 교육적 사회적 기능으로 보아 매우 중요하다. 청소년들의 장래 희망을 예로 들어 보자.

초등학생들에게 장래 뭐가 되고 싶으냐고 물으면, 지위나 권력이 높거나 돈 많은 주변인에게서 찾는다. 대부분 힘이 센 대통령, 연예인, 운동선수, 교사, 의사, 경찰관, 소방관 요리사 등을 말한다. 중고등학생에게 묻는다면 부모의 희망사항이 개입하게 된다. 이 중 교사나 공무원, 의사나 판 · 검사는 청소년의 꿈이라기보다 부모의 염원에 가깝다.

주요국 청소년들의 직업 선호도를 보면, 미국 남자 어린이의 경우 운동선수, 파일럿, 과학자, 변호사, 우주인 순이다. 일본의 경우 1위 축구선수, 2위 학자 · 박사, 경찰, 야구선수, 의사, 음식점 주인 순이다.(*학자 · 박사가 2위인 것은 노벨 과학상 연속 수상의 영향이 크게 미친 결과라 한다.)

우리나라 어린이는 어떨까? 80년대 과학자, 90년대 교수, IMF 이후 의사 등 전문직이 인기였다. 2016년 교육부 통계에 의하면, 교사, 운동선수, 의사, 요리사, 경찰, 법조인, 가수 등의 순이다. 2012년엔 운동선수가 1위, 연예인이 4위였는데 최근에는 요리사가 껑충 뛰었다. TV의 '먹방' 영향이라는 진단이다. 이처럼 TV의 영향력은 절대적이다.

꿈은 클수록 좋다. 청소년은 희망의 새싹이 자라면서 열정,

능력, 경력의 교집합과 일치한다면 이는 금상첨화다. 보스턴 컨설팅 그룹은 보고서(2015)를 통해 청소년들이 살아 갈 세상은 '로봇과 인공지능AI, 빅데이터' 가 중심이 된다고 예측하였다. 부모님의 희망고문이 치석처럼 붙어 있는 가정교육은 자녀들의 앞날에 크나 큰 장애물이자 암종이 될 수도 있다.

붉은 깃발 조례(Red flag act)

영국에서 1865년에 만들어진 이 법의 주요 내용은 이렇다. 자동차를 운행하려면 최소 3명이 탑승할 것. 그 중 한 명은 자동차 전방 50m 앞을 걸어가면서 낮에는 붉은 깃발, 밤에는 붉은 등을 가지고 흔들 게 하였다. 당시 자동차의 속도는 시속 30Km 이상으로 달릴 수 있었지만 최고 속도를 시내 2마일, 교외 4마일(6.4Km)로 제한하였다. 이는 자동차 사고를 두려워한 조치였다.

하지만 당시 마차와 기차관련 업자들의 로비였다는 것을 다 안다. 그 뿐만 아니라 영국에 철도가 처음 등장했을 때 의사협회 성명서 내용의 일부다. '마차에 비해 철도는 너무 빨라서 구토나 메스꺼움, 정신병까지 유발할 수 있으니 가능하면 기차를 타지 않기를 바란다.' 고 전 국민에게 권고하였다. 이와 같은 사례를 '그림자 암초' 혹은 '보이지 않는 손' 의 작용이라 한다. 우리나라도 예외는 아니다.

정치꾼들의 붉은 깃발 조례

1968년 경부고속도로 건설 당시 야당과 일부 시민단체들은 돈 많은 자가용 족을 위해 건설한다고 딴지를 걸면서 광적으로 반대를 하였다. 당시 유력 정치인이었던 그들이 다 고인이 되었지만 살아생전 당시의 판단력 부족에 대해 시인도 사과도 없었다. 그 뿐만 아니라 KTX 건설 구간인 천성산 터널공사를 중단하고 도룡뇽을 원고로 하는 재판까지 하였으니 국제적 코메디 감이었다.

당시 단식하던 J 스님께서는 지금쯤 어디서 예불을 올리고 있을까? 인천공항 건설을 그토록 반대하던 녹색연합, 환경연합, 카톨릭 환경연구소 등은 대표적 반대 단체였다. 이 가운데 대표적인 인물이 서울대 환경대학원 K교수다. 지금쯤 그분의 변을 듣고 싶다. 그 밖에 제주 강정 마을도 같은 경우이다.

'개발은 악이고 자연은 선' 이라는 이항적 발상은 종교적 차원에서 교조화 되기도 하고 민주주의라는 명분으로 세력화하기도 한다. 원래 '보존' 과 '개발' 은 대칭적 양상이다.

이 때 상생의 병존은 가치와 신념의 영역이 아닌 국익 즉 공공의 이익과 과학의 관점에서 접점을 찾아야 한다. 일부 정치인이기는 하나 그들은 똑똑한 머리로 제 몸에는 흙 하나 안 묻히면서 대중의 분노펌프를 가동시켜 자신의 잇속만 챙기려는 잔머리 정치꾼들이 많다면 이는 국가적 불행이다.

교육계의 붉은 깃발 조례

이렇게 오염된 정치인들이 교육자라는 가면을 쓰고 교육계에 들어와서 교육계가 정치장화 되고 있다. 일부 교육감들의 교육 정책들을 보면 조각난 접시처럼 쓸 수는 있지만 볼 때마다 아리다는 시중의 여론이다. 타이타닉의 선장 에드워드 존 스미스가 도덕적 책무를 실천한 역사적 인물이라면, 세월호 선장같은 어둠의 인물도 있듯이 훗날 교육계도 역사적 평가에서 예외는 아닐 듯 하다.

평소 초·중등 교육에는 관심 조차 없다가 어느 날 갑자기 교육권력을 잡고 보니 장마철 흙담처럼 아슬아슬하다 못 해 냇가의 어린아이 같다는 평가다. 마치 촉수 잘린 곤충처럼 어디로 가야 할지, 무얼 해야 할지, 환언하면 교육 본질의 식견 부재와 정책의 경중완급 판단력이 시력 0.01이다. 이유는 000 교육감이 필자에게 한 말처럼 "내가 초중등 교육현장을 모르잖아, 김 교육장이 이러이러한 역할 해 주었으면 좋겠어", 솔직한 표현에 인간적이기는 하나 경기도민은 불행하다.

학생들은 실험실 모르모트가 아니다

학생들을 대상으로 마치 실험실 모르모트 다루듯 하고 있다. 교육정책을 이벤트성으로 무슨 리트머스 시험지 다루듯 한다. 교육계까지 정치에 오염된 사이비 교육감이 등장하여도 그래도 잘 굴러가는 것은 건전한 가치관을 가진 교원의 기층이 단단하기 때문이다.

차세대 리더들도 교육의 본질성 회복을 위한 바른 소리, 쓴소리하는 그룹의 씨가 말랐다. '씨 없는 수박은' 은 과학의 진보일지 몰라도 '씨 없는 교육계' 는 민주주의의 퇴보다. 조직사회학자 로자베스 모스 캔더에 의하면 어느 집단이든 19%를 차지하게 되면 소수자로서의 지위를 벗어나게 된다고 한다.

특정 이념으로 짙게 물들은 특정 세력의 소수자가 대한민국의 교육계를 흔들어 대고 있다. 미스터리 쇼퍼Mystery shopper · 평범한 고객으로 가장해 직원 서비스를 평가하는 사람가 진보 교육감을 평가한다면 과연 몇 점이나 받을까?

스탠퍼드 감옥 실험

인간은 처한 상황에 따라 악마가 될 수 있다는 이론이다. 스탠퍼드 대학교의 필립 짐바르도 심리학 교수가 1971년에 한 심리학 실험으로 대학생 24명이 선발되어 죄수와 교도관역을 맡으며 스탠퍼드 대학 심리학 건물 지하에 있는 가짜 감옥에서 살았다. 역할은 무작위로 정했다. 그들은 자기 역할에 예상보다 잘 적응했으며 교도관들은 권위적으로 행동했고 심지어는 가혹 행위까지 하였다.

결론적으로 죄수와 교도관이 실제상황 같이 동화되어 일부 교도관은 폭력적으로 변해가고, 일부 죄수들은 스스로 수감자로 동화되어 있었다고 한다. 전술한 실험은 생활환경과 교육환경의 중요성을 시사하며 맹모삼천지교孟母三遷之教와도 맥을 같이 한다. 최근에는 '동네효과' 라 하여 지역사회의 다양한 교육 여건이 교육에 직 · 간접 영향을 미치는 것을 말하며, 흔히 말하는 강남학군도 약삭빠른 학부모들의 이야기가 헛된 말이 아님을 알 수 있다.

이와 유사한 재미있는 연구로 영국 뉴캐슬 대학에서 교직원을 상대로 하는 점포를 운영하였다. 차, 커피, 우유 등을 무인 판매로 하면서 물건 값을 양심적으로 치르는가를 알아보는 실험 연구였다. 그 결과 무인 판매대 위에 놓인 꽃보다 사람 눈 모양을 그려 넣었을 때 판매 수입이 증가하였고 한다. 사람 눈이 무의식 중에 실제로 소비자의 양심에 영향을 미쳤다고 생각된다.

새치기를 '삶의 융통성' 으로 변명하는 세상에서 다음과 같은 통계는 자녀교육의 방향성을 잘 말해 주고 있다. 우리나라의 기초질서 위반 비율이 일본보다 44배나 높고, 교통사고 입원 환자 비율은 8.9배, 위증과 무고사범은 인구대비 20배 수준이라고 한다. 가정에서부터 곰곰히 생각해봐야 할 대목이다.

세강속말世降俗末:세대가 내려갈수록 풍속은 속되게 된다이 건전한 가치관으로 형성되기 위해서는 학교교육, 사회교육, 가정교육 기능이 정상적으로 작동 되어야 한다. 한데 요즘 공교육 앞세워 고운 소리 듣기는 처녀 수염 찾기만큼 힘들어졌다고 한다. 뒷맛이 씁쓸하다.

에펠탑 효과

'에펠탑 효과' 란? 직역을 하면 '반복노출 효과' 를 말 한다. 의미를 정의해 보면 "대상에 대한 의도적인 인식이 없이도 노출의 빈도에 따라 그 대상에 대하여 호감이 생길 수 있다"는 이론이다. 비호감인 사람도 자주 접하다 보면 정이 드는데, 우리말의 '미운 정 고운 정' 하고 유사하다.

유래를 살펴보면, 1889년 3월 31일, 프랑스 파리에서는 대혁명 100주년을 기념하기 위해 에펠탑을 건립하였다. 탑을 세우기 위한 건립 계획이 발표되자, 파리의 예술가들과 시민들은 에펠탑 건립을 결사적으로 반대 했다고 한다. 하지만 세월이 흐른 지금은 천박한 철구조물이 아니라 프랑스 사람들이 가장 자랑스럽게 생각하는 파리의 명물이 됐다.

당시 파리 시민들은 에펠탑이 보기 싫어 에펠탑에 올라간다는 말이 있을 정도였다고 한다. 지금은 세계의 수 많은 관광객을 끌어들이는 매력적인 구조물 역할을 톡톡히 하고 있다. 그래서 처음에는 싫었으나 자주 보니 정이 들고 좋아지는 현상을 '에펠탑효과' 라고 부른다.

이 같은 심리현상은 멀리하고 기피하는 대상도 우리가 의식하지 못하는 사이 친숙해질 수 있다는 시사점을 얻게 된다. 반면 '눈에서 멀어지면 마음에서도 멀어진다' 는 말처럼 자주 보는 것이 호감형성에 얼마나 크게 작용했는지 알 수 있다. 기업은 상품선전에 이 효과를 접목 시키고, 정치인은 본인의 부고만 빼고 언론에 노출되는 것을 좋아한다고 한다. 이 같은 성향의 학생들은 자신의 성향을 극대화할 수 있는 방향으로 교육적인 지도가 중요하다.

반면에, '베르테르 효과' 를 알아 보자. 사회적으로 존경을 많이 받거나 인기를 끈 사람들의 죽음 이후 이를 따라 자살 시도가 일어나는 사회적 심리현상을 말 한다. 유래는 '젊은 베르테르의 슬픔' 을 읽은 독자 중 다수의 독일 청년들이 주인공인 베르테르의 죽음을 따라 일종의 모방 자살에서 연유하였다.

우리나라의 정신과에서도 이를 뒷받침하는 구체적인 통계가 많이 보고되고 있다. 이래서 청소년들에게 롤 모델이 될 수 있는 유명 인사들의 처신은 매우 중요하고 특히 언론은 보도에 교육적 신중함이 있어야 한다. 필자의 유머로 청소년들에게 하고픈 말은 '젊은 베르테르의 슬픔' 이 아닌 '젊은 베르테르의 환희(희망)' 를 강추 한다.

이분법 X 이분법 사고 = 사분법의 관점

일본의 통신 · 인터넷 기업 소프트 뱅크를 창업한 손정의 회장은 대학 3학년 때부터 발명에 몰두하였다고 한다. 발명을 해서 특허를 취득하고 그 특허를 팔아 창업자금을 마련할 생각이었다. 그가 발명한 것이 모두 특허로 등록할 수준이 되는지 모르기 때문에 우선 발명을 많이 하기로 마음 먹었다. 하지만 매일 한 건 씩 발명을 하다 보니 두 달이 지나자 더 이상 발명할 거리가 없어졌다.

그는 발명을 기계적으로 할 수 없을까 궁리하다가 자신만의 생각법을 고안해 냈다. 그것은 이것저것을 합쳐 새로운 기능을 조합하는 방식이었다. 이러한 방식으로 1년에 250건을 발명하였다.

그 중 하나가 기계음성과 사전 즉 액정화면을 조합해 만든 전자 번역기였다. 그는 이 발명품의 특허를 전자회사 샤프에 팔아 10억 원 정도를 벌었다. 이 자금이 소프트 뱅크 창업의 종자돈이 되었다. 손정의 '생각법' 은 이미 잘 알고 있는 요소를 새롭게 조합하면 새로운 생각이 만들어질 수 있다는 교훈을 준다.(*전화기도 초창기에는 수화기와 송화기가 따로 떨어져 있었다)

오늘날의 용어로 융합과학融合科學이다. 융합과학은 과학, 기술 및 인문사회과학 등의 세분화된 학문들의 결합, 통합 및 응용을 통하여 만들어진 새로운 과학 분야를 말한다. 핸드폰의 진화과정을 보면 이해하기가 쉽다. 20세기 중엽부터 21세기에 이르러 학문과 기술의 수렴 및 융합의 흐름이 전개되었다.

융합과학은 인문학, 사회과학, 예술, 공학, 과학 및 문화의 여러 영역들을 동일한 창조와 융합의 정신, 원리로 탐구하여 인간의 삶뿐만 아니라 인간성의 향상을 목적으로 한다. 윤태성 KAIST 기술경영전문대학원 교수는 〈답을 찾는 생각 법〉에서 세 가지 조건을 충족해야 제대로 된 궁리를 할 수 있다고 말 한다.

첫째, 나의 머리로 생각해야 한다.

둘째, 정답보다 방향을 중시해야 한다.

셋째, 생각의 질보다 양이 중요하다.

윤태성 교수의 '사분법 관점' 을 살펴 보자. 사람들은 아군 또는 적군, 왼쪽 또는 오른쪽, 진보 또는 보수 등 세상을 이분법으로 나눈다. 세상이 이분법으로 나누기엔 단순하지 않으며 다양한 관점 사고를 주문한다. 예를 들어 승패를 이분법으로 나누면 '진다, 이긴다' 로 분류된다. 여기에 '감정' 이라는 관점인 '좋다, 싫다' 를 추가해 보자. 그러면 '진다-좋다' '진다-싫다' '이긴다-좋다' '이긴다-싫다' 의 네 가지 관점으로 승부 관점을 만들 수 있다.

일상에서 축구의 경우 좋은 상대를 고르기 위해서라면, 일부러 지고도 좋은 감정을 가질 수 있다. 반대로 이기고도 싫은 감정의 사례도 찾을 수 있다. 이렇게 이분법을 한 번 더 나누면 다양한 사고(관점)에 도달할 수 있다. 교육 현장에서 보면 '아이디어 맨' 이라 할 정도로 Think bank인 학생을 종종 볼 때가 있다. 그들의 잠재력 계발은 곧 '사회적 자본social capital과 연결된다. 학생들이 살아갈 민주주의는 다양성과 가치의 상대성을 핵심으로 하기 때문이다.

그런 관점에서 일부 교육감의 코드에 맞춰 학교 수업형태를 혁신교육으로 획일화 하는 것은 교육적이지도 않고 교육자의 자세는 더 더욱 아니다. 학생들은 학교에서 다양한 사고법(관점)의 교육을 받을 권리가 있다.

침묵의 나선 이론

다수의 사람들이 사회적 쟁점에 대해서 공통적으로 표명한 생각과 의견을 말 한다. 이러한 여론형성의 사회 · 심리학적 매커니즘을 설명하기 위해 커뮤니케이션 학자인 독일의 엘리자베스 노엘레 노이만이 제시한 이론이다. 여론의 형성에서 다수 의견은 나선의 바깥쪽으로 돌면서 세가 커지는 반면 소수 의견은 안쪽 작은 나선으로 돌면서 쪼그라 든다는 논리다.

이런 쏠림은 인구의 사회 · 문화적 동질성, 과도한 도시화, 인구 밀집성, 남들의 언행을 중요하게 여기는 타인지향성의 산물이다. 자신의 의견이 대중적이라고 생각하는 사람은 공개적으로 의견을 표명하나 그 반대의 경우에는 침묵하여 소용돌이처럼 여론이 한 방향으로 쏠리게 된다.

이런 조건은 여론을 획일화 또는 압력의 산물로 보는 '침묵의 나선 이론the spiral of silence theory' 의 설명력을 높여준다. 여론 형성의 주체는 대중매체, 이익집단, 정당, 국가기관, 시민단체, 전문가나 시민, 개개인 등이다. 특히 이러한 현상에 언론(TV · 신문)과 SNS의 영향력은 절대적이며 사회적 책무성면에서 결코 가볍지 않다.

언론의 자유는 문명사회에서 공기나 물과 같은 존재다. 일반적으로 언론은 사회적 거울로서의 역할과 파수꾼의 역할을 한다. 통계에 의하면 초등학교만 나온 가정부가 1년 간 TV를 시청하면 초급대학 나온 수준의 상식을 얻는다고 한다. 이러한 순기능도 있지만 반면에 역기능 또한 같은 수준이다. 이 같은 TV의 신속한 정보기능 못지않게 신문의 전문가 칼럼과 사설은 독자로 하여금 콩도 팥으로 믿게 할 수 있는 개연성이 있는 구조다.

소문은 무섭다. 헛소문으로 인해 고통 받아 본 사람은 '말'의 날카로움을 기억한다. 그 날카로움은 사람을 찌르고 베고 상처를 입히며, 심지어 아주 쉽게 죽일 수도 있다. 전 대법관과 헌법재판소장을 역임한 김용준은 국무총리 인준에 실패한 법조인이자, 3살 때부터 소아마비를 앓아 온 지체 2급의 장애인이다. 그가 한 말이 '칼에 베인 상처는 일주일이면 아물지만 말에 베인 상처는 평생을 간다.' 고 하였다.

그리고 보통 사람들 대부분은 누군가를 뒤에서 험담했던 부끄러운 기억들을 가지고 있기도 하다. 거의 모든 경우에 그 순간은 기억하지도 못 할 만큼 너무 가볍게 생각하고 있다. 그래서 가해자들은 기억조차 하지 않는 순간들로 인해 누군가는 평생을 마음의 상처 속에 살아 갈 수도 있다.

언론은 표현의 자유라는 허명 아래 '기울어진 운동장' 이어서는 존재 가치도, 존재 이유도 없다. 청소년들에게 꿈과 열정, 성공과 도전이라는 단어는 욕망을 대상화 하며 그들의 긍정적 문화를 형성케 해야 한다. 그들이 더 높은 이상에 이르고자 하는 그 곳을 학교와 언론은 나침반이 되어야 할 책무성이 있다. 하지만 굴곡지고 왜곡된 정보의 홍수에서 청소년들이 자신의 합리적인 판단력의 준거準據를 기르기는 쉽지 않다. 아니 탁수에 오염되기 십상이다.

이렇다 보니 청소년들이 자신의 주관과 정체성을 갖게 하기 위한 판단의 합리성, 타당성, 객관성을 어떻게 만족 시켜야 할까? 가정, 학교, 사회 ? 쉽지 않은 난제다. 그래도 독서량이 많은 학생이 주변에 쉽게 흔들리지 않는다는 것은 필자의 교직 경험에서 얻은 결론이다.

코테일 효과

미국에서 정치인들이 대통령의 인기에 '묻어' 당선되는 것을 코테일coattail 효과라 말한다. 대통령 양복 자락이 일으키는 바람(인기)덕으로 약한 후보가 당선된다는 뜻이다. 대통령이란 항성恒星의 궤도를 돌고 있는 실력 없는 위성衛星그룹일 수도 있다.

우리말의 '후광효과'와 비슷하다. 이 세상에서 제일 못 난 사람이 스스로 홀로 서기를 못 하고 부모나 기타 잘난 사람 뒷 꽁무니나 쫓아 다니고, 아니면 헌 동아줄, 새 동아줄 붙잡고 살아가려는 군상들이다. 아니면 학연, 지연 가져다 붙여 은연 중 자기 과시하여 잘나게 보이려 하기도 한다.

설혹 그런 사람이 잘 나간다 해도 언젠가는 들통 나게 되어 있다. 왜냐하면 진실은 간혹 늦게 올 뿐 끝내 밝혀지기 때문이다. 청소년들이 지금 금수저 은수저 타령만 할 때가 아니니다.

죽을 만큼 노력을 해 보았는가?(*고 정주영회장 어록) 노력도 안 하면서 금수저 은수저 타령한들 들어 줄 사람은 아무도 없다. 공부하면서 코피 터져 봤나? 먹을 것이 없어 굶어 봤나?

맬컴 그래드 웰의 〈1만 시간의 법칙〉을 보면 관심 분야에 1만 시간을 투자하면 누구나 달인이 된다고 한다. 최고의 경지에 이르려면 도대체 연습을 얼마나 해야 할까? 자신의 분야에서 일가를 이룬 이들의 행적과 이야기를 종합해보면 적어도 1만 시간의 연습이 필요하다.

1만 시간이란 하루 3시간, 1주일에 20시간씩 모두 10년을 훈련하면 채워진다. 따라서 하루 6시간씩 투자한다면 5년이 걸리는 셈이다. 최고의 반열에 오른 사람들의 가장 큰 공통점은 좋아하는 일을 했다는 것이다. 좋아하는 일에는 1만 시간을 노력해도 지루할 겨를이 없다.

다시 한 번 기억하자. 좋아하지 않은 일을 하면서 성공한 사람은 없다. 자녀들이 홀로 우뚝 서게 하는 길은 독서에서 찾아야 한다. 한데 우리나라 국민 10명 중 3.5명이 1년에 단 한 권의 책도 읽지 않는다고 한다. 책을 읽어야 판단력, 사고력, 분석력 등 고등정신 기능이 길러진다.

그 후 경청의 힘을 길러야 한다. 〈Listen! 5분 경청의 힘〉저자 버나드 페라리는 “귀 기울여 듣는다.”는 것은 인생을 변화시킬 수 있는 유일한 방법이라 하였다. 이 시간 이후부터 맞춤형 홀로서기 교육을 고민할 때가 되었다.

노자는 도덕경에서 “천하의 어려운 일은 반드시 쉬운 데서 시작하고, 천하의 큰일은 미세한 데서 일어난다.”고 하였다. 청소년들이 스스로 문제를 해결하고 판단하고 개척해야 함은 만고의 진리이자 시대정신이다. 세계에서 성공한 사람 2/3가 자수성가한 사람이라고 한다.

현재 우리나라 교육의 안전망은 너무 잘 되었다고 필자는 자신 있게 말할 수 있다. 따라서 청소년들이 ‘코테일 효과’에 의지하며 살다보면, 장래 득이 아니라 독이 될 것이 분명하다. 이는 언론에 회자되는 사회지도층 자녀들에게 들려주는 교훈이자 쓴 소리이다.

팔꿈치 사회

우리나라는 경쟁에서 뒤처진 사람들에게 너무도 가혹하기에 경쟁은 극도의 생존경쟁으로 흘러갈 수 밖에 없다. 입시경쟁, 취업경쟁, 상품경쟁, 시장경쟁, 돈벌이 경쟁 등 온갖 경쟁 투성이지만, 정작 우리는 행복하지 않다. 경쟁에서는 누구도 영원한 승자가 될 수 없다. 경쟁은 궁극적으로 인간 없는 사회를 만든다.(*강수돌, 고려대학교 교수)

'팔꿈치 사회' 란? 옆 사람을 팔꿈치로 치며 앞만 보고 달려야 하는 치열한 경쟁사회를 일컫는 말이다. 지금과 같은 무한경쟁 사회에서는 '거지를 동정하지 마라' 는 제목의 책이 나올 정도다. '팔꿈치 사회' 에서 살아남기 위해서는 거지에 대한 동정은커녕 자기 자신에게 마저도 냉혹해야만 하는 '경제인' 이 되어야 한다는 것이다.

이와 같은 세계사적 흐름은 우리나라도 예외가 아니며 필요에 따라 일을 하기보다는 일의 필요에 우리가 끌려 다니며 일하고 있다고 봐야 한다. 따라서 어떻게 살아남느냐 하는 생존전략과 어떻게 살아야 되느냐 하는 삶의 전략이 동시에 요구된다.

비판적 시각의 학자들과 일부 노동운동가들은 생존전략을 경쟁(노동자)과 지배(자본가)의 이분법으로 재단하는 위험한 발상이 내재해 있다. 그래서 생존경쟁 즉 세계시장을 둘러싼 상품경쟁을 어떤 상품이 승리하는가와는 무관하게 자본주의 세계체제의 지배를 존속 시키는 조건으로 파악한다. 그렇다보니 국가 경쟁력 강화를 외치는 장관이나 대통령을 지배자(자본가)의 나팔수쯤으로 치부해 버린다. 더 나아가 IMF, WTO, World Bank, G8 등은 세계자본가를 총체적으로 관리하는 사령탑으로 인식한다.

돌이켜 보면 자본가든 노동자든 그들의 '내재적 만족'과 '외재적 만족'을 동시에 추구할 때 사회는 발전하고 건강성을 잃지 않는다. 이와 같은 이념은 교육계에 오염되어 공부 잘 하는 우수 학생(사회 지배층 자녀)과 학습 부진 학생(저소득층 노동자 자녀)의 양극화로 단정하는 인과 혼동의 오류를 범하고 있다.

특히 일부 정치인과 00 성향의 교육 관련 단체들이 앞장서서

선동과 주장을 한다. 하지만 현명한 서민들의 교육감정을 떠난 지 이미 오래 되었다. 그들의 행간에 숨은 '노림수' 는 순수한 시민운동이 아니라 자신의 영욕을 위함이었음은 지금까지 그들의 궤적이 방증 한다.

성서를 읽는다는 명목 아래 촛불을 훔치는 행위가 정당화 될 수 없듯 인성교육이라는 화려한 립서비스를 명분으로 교육의 본질과 현실을 저버릴 수는 없지 않은가? 실패한 교육정책을 감성에 호소하거나 미화하는 것은 '문학' 은 될 수 있을지언정 결코 교육의 본질 영역은 아니다.

원래 사람이 살아가는 원리는 경쟁이 아니라 협동이다. 서로 돕고 나누는 가운데 온갖 역경도 이겨내며 같이 살아온 것이 인류의 생존방식이었다. 그 단초를 알 수 있는 것이 북미원주민, 호주나 남태평양의 원주민도 히말라야 산맥 주변의 라다크 마을과 같은 전통 공동체 마을들이다.

사실 우리의 전통마을들도 두레와 품앗이 같은 우애와 호혜의 전통이 있었다. 오늘날 스페인의 몬드라곤 협동조합이나 방글라데시의 그라민 은행(마을은행)은 협력적이고 연대적인 경제방식이다.(*팔꿈치 사회 발췌) 이는 평화와 평등, 자유와 정의를 달성하는 건강한 방식임을 증명하고 있다.

포지티브 시스템과 네거티브 시스템

“법체계와 제도를 바꾸어야 한다. 그래야 대한민국의 문화지체를 극복할 수 있다.” 이 말은 송복 연세대 명예교수가 〈일류의 논리〉에서 역설한 내용이다. 포지티브Positive 시스템은 우리말로 하면 역법逆法 체계를 말한다. 경제 상황으로 설명하면 원칙적으로 수입을 제한 금지하고 예외적으로 몇 품목만을 허용하는 무역 제도를 뜻한다.

네거티브Negative 시스템은 순법順法체계를 뜻 한다. 수입을 자유화하되 예외적으로 수입을 제한 금지하는 품목만을 규정하는 무역 제도를 말 한다. 선진국은 순법체계를 실시하여 사회가 역동적으로 작동하도록 유도하고 있다.

상술하면 무엇 무엇은 하지 말고 나머지는 다 할 수 있게 사회체제 전반을 정비하였다. 인간 행동의 수만 가지를 다 법으로 규제할 수는 없다. 규제하려고 하면 사람들은 다른 장으로 피해 나간다. 이걸 규제하려면 더욱 큰 울타리를 쳐야하는데 이런 관행과 제도를 고치는 것이 규제개혁이고 구조개혁이라 말할 수 있다.

따라서 교육정책도 전술한 네거티브 시스템처럼 자유민주주의와 시장경제에 반하는 내용과 교육의 사회 안전망 정도만 규제하는 것으로 최소화해야 한다. 그래야 교육 수요자는 생존의 더듬이가 발달한 촉수로 무한한 창의와 아이디어 창출로 보답할 것이다. 같은 맥락에서 자사고, 특목고, 국제학교를 경쟁과 학교 서열화로 매도 할 것이 아니라 수요와 공급 측면에서 공급을 늘려 수요자의 요구를 만족 시키는 것이 국가 정책의 우선이라 판단된다.

전술한 학교의 역기능에 대한 조정과 해법은 그 다음 하책이다. 일부에서 핀란드의 학교 모델에 대해 막연한 환영幻影에 사로 잡혀 있는데 내막을 모르는 소리다. 그들의 학력 신장을 위한 노력은 우리가 알고 있는 상식을 뛰어넘고 있는데 인과因果 혼동의 오류로 대단한 착각이다. 이념적으로 경도되었거나 일부 단체에서 수월성 교육을 죽기 살기로 욕해서 먹고 사는 사람들이 있다.

그것도 일종의 보시布施로 받아들이자. 일본에서 아사히신문을 욕해서 먹고 사는 사람이 수 천 명이고, 미국에서 NT, WP 욕해서 먹고 사는 사람이 수 만 명이라고 한다. 남 욕을 많이 하는 사람은 시간이 좀 지나면 점잖아 진다고 한다. 평생 욕하고 사는 사람도 있지만 자기가 욕을 해 보면 얼마만큼 저질적이라는 걸 스스로 알게 된다.

포퓰리즘의 용틀림에 추락하는 교육력

겉모습이 요란하고 화려한 버섯은 식용버섯이 아니라 목숨을 위협하는 '독버섯'이 대부분이라고 한다. 이념이나 정책 시사문제에 대하여 각자 의견이 다르다는 사실은 그 사회의 건강성을 보여주는 징표다. 국가 경쟁력의 본질은 양질의 두뇌 산업에 있다. 환언하면 서로 다른 전문 지식과 상상력이 만나는 융합과 컨버전스Convergence가 새로운 세계를 창조하는 시대다.

맥킨지코리아의 '스타트업 코리아' 보고서에 의하면, 전 세계 상위 100개 스타트업(벤처기업) 중 70%가 넘는 사업모델이 우리나라 법으로는 규제대상에 속한다고 한다. 상술하면 13곳은 사업을 시작할 수조차 없고, 44곳은 사업조건을 바꾸어야 규제를 통과할 수 있다고 한다. 따라서 두뇌산업(교육정책)에 씨줄과 날줄로 각종 규제를 하다 보면 21세기 복합변환 무대에서 살아남기란 불가능하다.

그렇지 않아도 포플리즘의 용틀임이 대한민국의 교육력을 나락으로 추락 시켰다. 이젠 시장 메카니즘을 교육현장에 도입하여 공교육이 신뢰를 얻을 수 있도록 해야 한다. 수월성 교육과 보편(보통)성 교육은 배타적이 아니라 요철처럼 상보적 관계이다. 이는 교육의 시대정신이고 교육 선진국은 다 그러하다.

하인리히 법칙

1920년대 미국 여행보험사의 손실통제 부서 직원인 H.하인리히가 수많은 산업재해 통계를 분석하다가 흥미로운 통계법칙 하나를 발견했다. 산업재해가 발생하는 과정에서 큰 재해가 한 번 있었다면 그 전에 같은 원인으로 발생한 작은 사고가 29번 있었고, 또 운 좋게 사고는 피했지만 같은 원인으로 부상당한 사례가 300번 정도 있었다는 사실을 알아냈다.

그래서 1:29:300 법칙이라도 한다. 이는 산업재해 뿐 아니라 훗날 실패와 성공의 징후를 포착하기 위해 노력하는 사람들에게 중요한 길잡이의 역할을 하고 있다.

이와 같이 '하인리히 법칙'은 실패를 예고하는 300번의 징후를 놓침으로써 돌이킬 수 없는 결과를 낳은 실패 사례들을 역으로 300개의 성공 씨앗을 얻을 수 있는 시사점을 준다.

'제비가 낮게 날면 비가 온다.' 는 속담이 있다. 제비가 낮게 나는 이유는 먹이인 잠자리가 낮게 날기 때문이다. 잠자리는 공기 중의 습도가 높아 날개가 젖기 때문에 저공비행을 할 수밖에 없다. 이처럼 세상의 많은 일들은 징후를 앞세우며 다가온다. 즉 전조현상이다

이 같은 교육계의 전조현상을 살펴보면,

- 학교생활 부적응의 예로 학생자살에는 왕따, 학생폭력, 학교생활 부적응, 교사의 무관심 및 방기放棄 등이 있다.
- 학습지도 면에서는 학습 분위기 저해 행동, 학습기피, 자퇴, 사교육 기승, 공교육 불신 등으로 이어진다.
- 교육행정면에서는 무사안일, 근무태만, 각종비리, 징계자수 증가 등이 있다.
- 제도면에서 법령괴리, 예산낭비, 비효율, 매너리즘, 관료화 등으로 굳어진다.
- 교육행정의 중추적 역할을 하는 정책 입안자들의 공통된 답변은 예산이 없다 → 인력이 부족하다 → 연구 검토해 보겠다는 점층법을 구사하며 교육자의 양심보다는 본인의 입신양면에 온통 혈안이 되어 있다.
- 무자격 교장(교육장)은 학교현장의 '뜨거운 감자' 다.

하인리히법칙을 교훈 삼아야 골디락스[3] 교육으로 미래가 보인다. 우리나라는 1년에 자영업 100만 여개가 창업되고 78만 여개가 소멸된다고 한다. 첨단 과학의 시대에 과학 PD가 자갈밭을 삽과 곡괭이로 일궈야 하는 수준의 정책으로는 소멸하는 78만 여개의 자영업 신세로 전락할 수밖에 없다. 무릇 시민단체와 닮은 형해화形骸化한 포퓰리즘 교육의 언저리 정책도 이와 별반 다르지 않다.

이제는 교육의 시대정신으로 융합 에너지를 한껏 풀어 놓아 류현진의 피칭과 BTS의 신곡보다 더 열광하는 수준의 교육정책이 요망된다. 일부 교육감이 보내는 특정정책의 호각 소리의 구령에 맞춰 교육이 완성되는 줄 알면 착각도 이만저만이 아니다. 진실의 바위에서 이렇게 미끄러지는 사람들이 교육계의 중핵적 위치에 있는 한 혁신교육은 비오는 달밤을 기다리는 이치와 같다는 것이 교육계의 평가다. 지금 이 순간에도 교육계에 하인리히의 전조 증상은 쉼 없이 발현되고 있다.

---

3) 높은 경제성장을 이루고 있어도 물가가 상승하지 않는 이상적인 경제 상태를 일컫는 경제용어. 영국의 전래동화 〈곰 세 마리 The Three Bears〉에 등장하는 소녀 골디락스에서 기원한다. 곰 가족이 죽을 끓여 두고 식을 때까지 잠시 나간 사이 골디락스가 들어와 가장 먹기 좋게 식은 죽을 먹어 버린 것을 두고 과열도 아니고, 냉한 것도 아닌 적절하게 성장하는 경제 상태를 비유해 이름을 붙인 것이다.

6부. 무지개 꿈

- 고르디우스 매듭
- 공유경제 교육
- 라쇼몽 효과
- 백색 소음과 칼라 소음
- '번 아웃' 증후군
- 안나카레니나 법칙
- '쭈이샤(醉蝦)'와 '비커 속 개구리'
- 콜럼버스 효과
- 파랑새 증후군

고르디우스 매듭

프리기아의 수도 고르디움을 세운 고르디우스의 전차戰車에는 끝을 찾을 수 없이 복잡하게 얽혀 있는 매듭으로 끌채에 멍에를 묶어놓았다고 한다. 이 매듭을 푸는 사람이 아시아의 지배자가 될 것이라는 신탁信託: 인간이 판단할 수 없는 어려운 문제의 해결을 위한 인간의 물음에 대한 신(神)의 응답이 전해져 많은 사람이 풀려고 시도하였으나 성공하지 못하였다. 그런데 성미 급한 알렉산더대왕이 칼을 뽑아 매듭을 내리쳐 끊어져 풀어졌다.

현재 교육의 고르디우스 매듭을 끊어야 할 정책이 시급하다. 대학입시, 혁신교육, 교원인사의 무자격 교장 양성체계, 교과서 역사편향, 고3투표권 등이 심각한 수준이다. 교육의 본질성 즉 중심가치가 흔들리니, 부속가치도 혼란스럽다.

줄기가 흔들리니 가지가 요동치는 격이다. 가치의 뿌리가 흔들리는 곳에서는 교육이 착근되기도 어렵고 '비지니스' 가 성공할 수도 없다. 어쩌다가 대한민국 교육이 이지경이 되었나? 정호승시인은 '인생의 힘은 견디는 힘' 이라고 말하였지만 인내의 임계점을 벗어나고 있다는 것이 일선 교육계의 여론이다.

세계 경제포럼은 한국사회의 가장 큰 문제는 첫째, 정책 불안정성 둘째, 비효율적 관료사회라고 말하였다. 필자의 견해를 추가한다면 정치권의 암종癌腫이 말기암 수준이 아닐까 한다. 국회의원의 특권부터 인구대비 숫자는 기업이었으면 벌써 파산하였을 집단이다. 국무위원 청문회 제도를 확대하여 국회의원에게도 준법성, 전문성, 청렴성, 봉사성을 기준으로 선발 되어야 한다는 것이 대다수 시민의 여론이자 바람이다.

요즘은 국회의원을 흉내 내는 기초의원, 광역의원을 보면서 필설로 쓰기에 거북할 정도로 분노하는 시민이 대다수다. 그래도 믿을 직역職域이 교육계인데 이 역시 전술한 집단과 크게 다를 바 없다. 헌법정신에 의한 교육의 중립성은 온데 간데 없고 더 정치적이고 정치화된 일부 교육감과 일부 동조 교사들이 교육계의 물을 흐리고 있다. "다모 클레스의 칼[1] Sword of damocles" 처럼 권좌(교육감)는 한 올의 말총에 매달린 칼 아래 앉아 있는 것

1) 다모 클레스의 칼, 권력은 머리 위에 날카로운 칼이 단 한 가닥의 말총에 매달려 언제 떨어질지 모르는 칼처럼 위험하다는 그리스신화에 나오는 이야기로 권력의 위험성을 교훈한다.

처럼 위험한데도 아랑곳 않는다. 보편적 복지라는 미명하에 요람에서 무덤까지 공짜 아니면 반값으로 교육 받을 수 있다. 학생인권 조례는 학생들의 기본적인 교육적 생활지도도 교사들의 손발을 묶어 놓았다. 공짜의 역치는 개미지옥을 향한다.

교육자가 아닌 NGO나 인권 운동가의 구호가 더 적합하고 타당할 것 같은 정책이 대다수다. 교육계의 원로와 양심세력은 어디로 갔나? 이 같은 원인에는 여러 요인이 있을 수 있지만, 우리 사회의 '노인老人' 이라는 말에는 어느덧 사회 · 경제적 '부담' 이라는 은유隱喩가 덧 씌워지고 있는 것이 불편한 진실이자 슬픈 현실이다. 이렇다 보니 교육계의 원로들은 소외되고 숭례崇禮는 커녕 비례非禮를 넘어 무례無禮도 이만 저만이 아닌 역사 부정이다.

거슬러 올라가면 김대중 정부의 원로교사를 무능교사로 매도하여 정년단축을 시발로 노무현 정부의 무자격 교장이 등장하면서 교육계가 엉망진창이 되었다. 원로교사가 창고세일 신세가 되다 보니 그들이 침묵하는 것이다. 당시 김대중 대통령도 75세 나이였고, 모 교육감은 75세에도 노추老醜를 숨기고 권력에 짙게 물들어 있지 않은가?

어지러운 교육계에 등대가 되고 방향타가 되어야 할 교육계 원로들의 침묵은 교육자의 자세도 아니고 방관과 방임은 더 더욱 안된다.

용기와 만용이 종이 한 장 차이인 것처럼 현명과 비겁 역시 종이 한 장 차이이다. “절대반지는 빛나는 만큼 위험하고, 강한만큼 나를 왜소하게 한다.” 반지의 제왕이 주는 교훈이다. 교육의 고르디우스 매듭을 끊어야 할 때가 되었다.

공유경제 교육

세계적인 경기불황이 이어지고 있다. 자원은 제한되어 있고 수요는 많다. 대체 에너지 개발이 시급하다는 우려의 목소리나 절약의 필요성과 같은 주장이 괜히 나오는 것이 아니다. 우리가 직면한 이 심각한 상황의 해결책으로 대두된 것이 바로 '공유경제' 이다. 공유 경제는 나눔과 공유의 관점에서 경제를 바라보는데, 한정된 자원을 많은 사람들이 협력적으로 소비하여 자원의 최적한 활용을 통한 효율 극대화를 꾀한다.

간단하게 요약하면 너도 좋고 나도 좋은, 윈-윈win-win 전략을 시행함으로써 종착지는 "우리 함께 잘 살아 보세!" 가 된다. 이는 비단 모두의 공생을 위한 공동체적 목적만을 위해서 존재하지는 않는다. 공유 경제 속에서 하나의 재화는 그 가치를 뛰어 넘어 새로운 존재로 탄생하는 경우도 잦다. 다양한 사람들의 욕구가 모여 새로운 욕구를 탄생시킨다는 뜻이다. 즉 하나의 재화에서 얻을 수 있는 1차적인 가치창출에서 그치지 않고 거기서 파생되는 2차, 3차, 그 이상의 새로운 가치를 얻을 수 있다. 한계효용[2]이 극대화되는 이론이 되는 것이다.

A학생은 대학 졸업을 앞둔 일명 취준생(취업준비학생)이다. 구직 활동을 위하여 이력서를 작성하던 중 난관에 부딪힌다. 자신의 영어실력은 상당히 좋지만 반면 최근 트렌드라는 제 2외국어에는 백지장이기 때문이다. 또한 컴퓨터 관련 자격증도 소지하고 있지 않다. A는 여기서 고민에 빠진다. 갖추어야 하고 갖추고 싶은 능력은 많지만 경제적, 시간적 여유는 따라주지 않는다.

이때 A에게 대학 동기 B가 접근한다. 그녀는 어릴 적부터 한자 공부를 꾸준히 하여 일어와 중국어에 능하다. B는 A에게 기초적인 중국어를 알려주기 시작한다. 또 다른 동기 C는 A에게 컴퓨터 자격증 획득을 위한 많은 정보와 지식을 아낌없이 나누어 준다. 과연 A는 받기만 하는가. 그렇지 않다. A는 영어가 부족한 친구 B에게 토익, 토플을 알려 준다.

자신의 경험과 노하우를 활용하여 영어정복 필승전략을 알려

2) 한계효용(限界效用, marginal utility) : 어떤 종류의 재화(財貨)가 일정한 욕망을 채우기 위하여 소비될 경우, 맨 마지막의 한 단위의 재화로부터 얻어지는 심리적 만족의 정도

주는 것이다. 물론 연결고리는 끊이지 않는다. B는 미용에 관심이 많은데 미용정보를 필요로 하는 친구들에게 자신의 관리 방법과 다양한 팁을 전달한다.

교육은 결코 정체될 수 없다. 한 사람에게서 다른 사람으로 지식의 전달이라는 흐름이 반드시 필요하다. 산 속의 작은 물줄기에서 시작하여 하천이 되고 강이 되어 커다란 바다가 되는 것과 같이 교육은 수많은 시냅스를 만들어 가지를 쳐나간다. '공유경제 교육' 이 바로 수많은 시냅스 형성을 위해 교육이 지향해야 할 방향이다. 지식을 가지고 있는 사람들의 공유를 통해서 지식의 질은 배가 되고 그 범위는 광대해진다.

B나 C에게서 시작된 지식 나눔은 A에게로, B에게로 그리고 다른 수많은 학생들에게로 나아가며 양과 질을 더해간다. 특히 배움이라는 것은 개개인의 스토리가 더해지면 더욱 이해가 쉽고 빨라진다.

시냅스를 구성하는 협업학습

눈을 뜰 때마다 진화하는 변화무쌍한 현대사회에서 정보는 곧 실력이다. 아는 만큼 변화에 대한 적응력을 쉽고 빠르게 하고 그 만큼 새로운 가치 창출 가능성이 높아진다. 이 시대는 다방면의 지식을 가지고 있고 그를 통해 창의적이고 번뜩이는 아이디어를 촉발시키는 사람을 원하고 있다.

그리고 공유 경제교육에 따르면 시대가 필요로 하는 수많은 지식이 무조건적인 나눔과 공유가 가능해진다. 개개인이 지식의 출발점이 되고 그들이 가지고 있는 지식과 스토리는 수많은 시냅스를 구성하여 어마어마한 연결고리를 만들어낸다.

정체되지 않는 교육의 목표가 구성되는 것이다. 이에 그치지 않고 공유경제 교육이 가지고 있는 '새로운 가치창출' 이라는 기적적인 능력은 교육분야에서의 활용을 통해 다양한 분야의 발전, 인재의 양성을 넘어 새로운 패러다임의 구축을 이끌어내는 모범적인 시작점이 될 것이다. 일명 '협업학습' 이다.

내가 잘 한다고 자급자족하는 것보다 상대적으로 더 잘 하는 분야에 집중해 다른 쪽에 특화한 타인과 거래하는 게 낫다는 경제학의 기초이론을 교육에 접목시키는 것이다.

로버트 프랭크 미 코널대 교수는 네팔국민의 예를 들면서 '가난하기 때문에 모든 일을 스스로 하는 것이 아니라 모든 일을 스스로 하기 때문에 가난한 것이다.' 라고 말하며 '비교우위' 와 '선택과 집중' 의 중요성을 시사한다.

라쇼몽 효과

사람의 눈은 사실을 보고 있을까? 사람의 기억은 사실대로만 구성이 될까? 사람의 눈은 실수하지 않는 것일까?

이기심으로 뭉쳐진 눈은 의외로 허술하다. 동일한 사건에 대해 서로 다른 입장으로 해석하면서 본질자체를 다르게 인식하기도 한다. 따라서 사람의 기억도 객관적이지 못하다. 바로 눈앞에서 벌어진 사건도 자신의 이익관점으로 받아들이고 해석하고 의미를 찾는다.

기억의 주관성으로 이를 '라쇼몽 효과' 라고 한다. 자신이 기억하고 싶은 것만 골라 '취사선택' 한다는 의미로도 쓰인다.(* 라쇼몽 효과는 일본의 거장 구로사와 아키라가 1950년 찍은 영화 〈라쇼몽(羅生門)〉에서 비롯된 용어다. 같은 사실이라도 사람마다 전혀 다르게 기억할 수 있다는 것을 잘 보여준 영화로 유명하다.)

동일한 사건에서 진실은 하나일지라도 얼마든지 사람마다 그것을 보고, 듣고, 느끼고, 해석하는 데에 차이가 생길 수 있다는 세상의 이치다. 이렇게 인식하는 원인은 여러 가지다. 내재된 편견, 경험, 착각, 오해 때문일 수 있고, 기억의 편집, 왜곡 때문일 수 있다. 우리 주변에서 차량의 접촉사고를 두고도 이견이 생기는 일이 한 예이다.

또한 학생들의 다툼과 담임교사와의 견해차로 학생들 말만 듣고 상식 이하의 과격한 행동을 하는 학부모들의 대부분은 나중에는 고개 숙이는 경우가 아주 많다. 이는 학생들(인간)의 이기심이 진실을 왜곡하게 만들기 때문이다.

전문가의 연구에 따르면 거짓말은 본능이라고 한다. 2015년 V.탈와(*캐나다 심리학자)의 연구에 따르면 "어린 아이들은 세 살 무렵부터 시작하며 여섯 살 무렵이면 95%의 아이들이 거짓말을 한다." 고 하였다. 말을 배우면 바로 거짓말을 하는 셈이다.

미국의 거짓말 전문가 P.메이어는 그의 저서 〈거짓말쟁이 찾아내기〉에서 "인간은 하루 10~200회 정도 거짓말을 한다고 하였다. 특히 누군가 처음 만나는 최초 10분 동안은 평균 3회의 거짓말을 한다."고 하였다. A.말로는 "그가 말하는 그가 아니라 그가 감추는 그가 바로 그다."라는 말은 인간의 진실성에 대한 말이다.

히틀러는 “큰 거짓말을 하고 그것을 집요하게 되풀이 하면 결국 모든 사람이 믿게 된다.”고 하였다. 요즘 정치권의 000, 000, 000 등에 아주 적절한 말 같다.(*독자의 의견이 상이할 수 있어 실명을 쓸 수 없음을 이해하기 바란다) 동일한 사안을 두고 입장이 바뀔 때 진실을 왜곡하는 사례는 정치인 등의 직군에서 심하게 나타나는 현상이다.

먼저 편향성 즉 종교적, 사회적, 윤리적 전통에서 얻은 선입견은 사실(진실) 판단에 장애가 될 수도 있다. 이러한 기억의 주관성을 어떻게 극복하여야 할까? 장기기억이라는 곳간에 충분한 지식과 경험이 축적되어야 한다. 마치 냉장고 프로그램에서 보듯, 남긴 식재료가 다양하게 많을수록 멋진 퓨전 요리를 만들 수 있는 이치와 같다.

이러한 지식과 경험은 독서가 지름길이라는 전문가들의 견해다. “뿌리 깊은 나무는 바람에 흔들리지 않고, 샘이 깊은 물은 가뭄에 마르지 아니한다.”는 이치에 답이 있다. 사회적으로 전문가라는 사람은 자기 전공서적 이외의 책을 2~3배 읽어야 편협하지 않다고 한다.

백색 소음과 칼라 소음

유명 즉석 식품점이나 커피 전문점을 가보면 이어폰을 끼고 리포터를 한다든지 과제를 수행하는 학생들을 의외로 많이 보게 된다. 필자의 자녀들도 중 · 고등학교 다닐 때 자기들 방에서 음악을 틀어 놓고 공부하는 모습을 종종 보곤 하였다. 심지어는 대학교 다닐 때도 늘 이어폰을 끼던가 아니면 음악을 틀어 놓고 과제를 하였다.

청소년의 학습문화라고 하기에는 고정관념 상 이해하기 힘들었다. 청소년들은 왜 조용한 학습공간을 마다하고 이어폰을 끼고 공부를 하는 것일까? 과연 음악이 그들의 학습효율에 어떠한 정正 · 반反 작용을 할까?

소음이란 우리 생활에서 해로운 소리를 말한다. 하지만 소음

중에는 인간에게 이로운 것도 존재한다. 숭실대 배명진 소리공학 연구소장은 소음의 유형을 백색소음white noise과 칼라소음color noise으로 구분하였다. 백색소음은 주변 자연환경에서 쉽게 접할 수 있는 빗소리, 파도 소리, 시냇물 소리, 바람 소리 등이 이에 속한다. 이들은 비록 소음으로 들릴지라도 음향 심리학적으로는 별 의식을 하지 않게 된다.

또 항상 들어왔던 자연음이기 때문에 그 소리에 안정감을 느끼게 된다고 한다. 그렇다면 백색소음은 우리에게 어떤 영향을 미칠까. 각종 연구에 의하면 학업 성취도 개선, 금융기관의 구두정보 보호라는 사운드 마스킹sound masking 즉 소리 은폐 효과, 인간의 뇌파인 알파파를 안정시켜 숙면 등에 효과가 있다고 한다.

이렇듯 여러모로 유용한 백색소음은 사회가 첨단화 될수록 그 수요가 더욱 커질 것이라는 전망이다. 이권의 더듬이가 발달된 상술은 양질의 학습용 백색소음을 파는 날이 곧 다가 올 것이다. 이렇게 되면 교실, 가정의 공부방, 독서실 등 학습에 도움이 되는 백색소음 환경으로 조성하는 것도 신세대에게 유용한 교육환경이 될 것이다.

부모들의 통념과 다른 학습은 조용한 공간에서만 이루어진다는 생각, 즉 교육환경의 앙시앵 레짐ancien regime · 구체제을 탈피하여야 할 것이다.

하지만 학부모들의 '고정관념을 벗어나라Think outside of the box' 는 말밖에 할 말이 없다. 왜냐하면 자녀들은 공부하기 싫은 이유와 공부해야 될 이유 10가지를 항상 양쪽 주머니에 넣고 다니기 때문이다.

'번 아웃' 증후군

'번아웃Burn-out' 은 '타버리다, 소진하다' 라는 뜻으로, 정신적 · 신체적 피로로 인해 무기력해지는 증상을 뜻하는 심리학 용어이다. 다른 말로는 탈진 증후군 또는 연소 증후군, 소진 증후군 등으로 불린다. 동 증후군의 증상은 우울증과 자기혐오 등 다양하게 나타난다. 한 가지 일에 몰두하던 사람이 갑자기 모든 에너지가 소진되면서 극도의 무기력증에 시달리다 업무에 적응하지 못하는 경우다.

우울증과 증상이 매우 비슷하며, 번아웃 증후군으로 판정된 사람들이 우울증 진단 기준을 충족하는 경우도 많다. 아직 질병으로 분류되지는 않는다. 2019년 5월 세계보건기구의 제11차 국제질병표준분류기준 발표에서는 '번아웃 증후군' 을 직업 관련 현상으로 포함하면서 "성공적으로 관리되지 않은 만성적 직장 스트레스"로 정의했다.

번아웃 증후군은 특히 포부 수준이 높고 책임감이 강하며, 전력을 다하는 성격의 사람에게서 주로 나타난다고 한다. 완벽한 성과를 내기 위해 자신을 몰아붙이다가 갑자기 허탈함과 무기력한 상태가 반복되곤 한다. 이와 같은 증상은 성인에게만 나타나는 것이 아니라 정도의 차이는 있지만 초중고등 학생들에게도 많다는 것이 일선 교사들의 평가다.

대개 학부모의 과잉 기대감으로 학교와 학원에서 공부를 하다 보니 육체적, 정신적으로 소진된 상태가 된다. 시쳇말로 초죽음이 되어 밤 늦게 귀가하면 학원 숙제, 학교 숙제가 기다리고 있다. 오로지 명문대 진학을 위한 올인이다. 이렇다 보니 만성피로에 시달리면서 처음에 가졌던 공부에 대한 열정과 의욕은 사라지고, 주변 사람과 마찰을 자주 빚으면서 학습 성취감도 떨어지게 된다.

따라서 성적도 안 오르고 몸은 따라주지 않고 부모님의 기대감은 꺾일 줄을 모른다. 당연히 청소년들의 정신상태가 피폐해질 수밖에 없다. 어쩌다 머리 좀 식힐 겸 오락이나 게임을 하면 부모의 불호령이다. 이러한 청소년들을 향해 〈부의 미래〉 저자 엘빈 토플러는 "한국 학생들은 하루 15시간 동안 학교와 학원에서 미래에 필요하지 않은 지식과 존재하지도 않을 직업을 위해 시간을 낭비하고 있다"고 통타痛打한 말을 새겨 들어야 한다.

명문대 진학도 의학계열이나 법조계열로 우수인력이 모이고 정작 국가 가치사슬의 앞에 있어야 할 학문에는 우수인력이 모이지 않는다. 사회적 부가가치 생산에는 별 도움이 안 되는 부문에 유능한 인력이 모이면 사회 전체 경쟁력은 떨어지게 된다.

이는 구성의 오류다. 이러한 입시문화에 대하여 비용/편익 분석을 해 봐야 한다는 전문가들의 여론이다. 하지만 내 자녀만큼은 예외로 하고 싶은 '양면가치병존Ambivalence'의 양가적 감정을 갖고 있는 것도 사실이다.

생쥐도 단 하나의 구멍에 운명을 걸지 않는다고 한다. 철학도 빈곤하고 전문가적 식견도 없는 교육부 장관, 교육의 본질 가치보다 이념 편향교육과 언저리 정책으로 날 새우는 진보교육감, 여기에 맞장구 치고 꽹가리 북쳐주는 일부 학부모 단체, 민노총의 핵우산 아래에서 안주하는 전교조, 이들에게 교육의 본질성을 회복하자고 해 봐야 "시시포스의 도로徒勞·헛수고일 뿐이다(*필자와 독자의 견해가 상이할 수 있다) 이는 "고목古木에 접 붙이는 꼴"이다.

청소년들아! 음악이 아름다운 건 '쉼표'가 있기 때문이다.

안나 카레니나 법칙

톨스토이의 소설 〈안나 카레니나〉의 대강 줄거리는 다음과 같다. 주인공 안나 카레니나는 아름다운 외모에 밝은 성품을 갖춘 여성이다. 그녀에게는 러시아 정계 최고의 정치가인 남편과 사랑스러운 아들이 있었다. 남 부러울 것 없는 그녀였지만, 마음 한 구석에 늘 공허함이 있었다. 결국 그녀는 가족 대신 위험한 사랑을 선택한다.

전 남편과의 이혼이 이루어지지 않고 애인과 다투는 횟수가 늘어나면서 좌절과 죄책감에 휩싸인다. 그러다 그녀는 기차역 승강장에서 다가오는 기차에 몸을 던져 생을 마감한다. 행복할 수 있는 모든 조건을 다 갖춘 듯 보였지만, 채워지지 않는 마음 한 구석의 공허함이 그녀를 불행으로 이끌었던 것이다. 이 소설의 첫 구절은 이렇다. "행복한 가정은 모두 엇비슷한데 불행한 가정은 저마다 이유가 다르다"는 소설 속 그녀의 상황을 가리켜 '안나 카레니나 법칙'이라 말 한다.

행복한 집안은 다들 비슷하게 근심이 없고 건강하며 화목하지만, 안 되는 집안은 애정, 금전, 자녀 문제 등 천차만별의 이유로 불행해진다는 의미이다. 이를테면 모든 조건이 만족하지 않더라도 어느 정도 충족되면 행복한 가정은 만들어질 수 있다는 뜻이다.

반면에 가족 구성원 중 한 사람이 도박으로 가산을 탕진했다든지, 부부 중 한 명이 바람을 피워 신뢰에 균열이 생겼을 경우, 또는 자식이 학업성적을 비관해 우울증에 빠졌거나, 가족 중 누군가 병약하다면 그 가정은 불행해질 수 있다.

톨스토이는 소설 속 주인공을 통하여 평범한 시민들의 소박한 행복감의 정수精髓를 말하였다. 시쳇말로 '소확행'(*소확행은 '작지만 확실한 행복'을 뜻한다. 일본 작가 무라카미 하루키의 수필집 〈랑겔한스섬의 오후〉에 등장하는 말이다)을 말 한다.

프랑스 속담에 "가정은 국가의 심장이다"라는 말이 시사하듯 가정이 건강하고 행복하여야 자녀들이 건강하고 행복할 수 있다. 이는 국가 발전의 원동력으로 작용할 것이다. 부모의 사회적 부와 명예를 부러워할 것도 없고 자녀들의 성적, 명문대 진학에 배 아파 할 이유도 없다.

언론에 화려하게 조명 받는 사회지도층의 일부 일그러진 가족사가 반증反證한다. 이들은 지혜의 결핍이다. 톨스토이는 행복을 실천하는 길은 소박하다고 하면서, '세상에서 가장 중요한 때는 지금이고, 가장 중요한 사람은 지금 함께 있는 사람이며, 가장 중요한 일은 지금 곁에 있는 사람을 위해 좋은 일을 하는 것' 이라 하였다.

고대 그리스의 에피쿠로스 학파는 "행복은 욕망에 반비례한다."는 진리를 가르쳤다. 상술하면 과욕은 불행의 씨앗이 될 수 있음을 교훈 한다. 청소년들의 꿈에는 완료형이 없다.

꿈은 언제나 진행형이다. 그래서 아름답다. "별이 어둠에서 탄생하듯 희망은 절망 속에서 더 빛난다."고 한다.

'쭈이샤(醉蝦)'와 '비커 속 개구리'

중국 요리에 쭈이샤라는 메뉴가 있다. 직역하면 '술 취한 새우'라는 뜻인데 이 요리는 '물에 술을 조금 풀고 새우를 넣으면 육질이 연해지고 나쁜 불순물도 쉽게 빠져나가 맛이 좋아진다고 한다. 서서히 취해가며 자신의 운명을 모르는 새우 신세를 빗대어 앞날을 내다보지 못 하는 인간들에게 비유로 쓰는 말이다.

이와 비슷한 '비커 속 개구리'도 마찬가지다. 미국의 어느 대학 실험실에서 있었던 일이다. 연구자는 램프를 설치하고 큰 비커에 물을 2/3쯤 붓고 그 안에 개구리 한 마리를 넣었다. 잠시 후 램프에 불을 붙여 놓고 아주 느린 속도로 가열하면서 개구리의 반응을 살폈다.

처음에 찬물 속으로 들어간 개구리는 잠시 주변을 두리번거리더니 안심이 된 듯 헤엄치며 잘 움직이기 시작했다. 점점 따뜻해지는 수온을 오히려 즐기면서 개구리에게 동요하는 기색은 전혀 발견할 수 없었다. 그렇게 한참 시간이 흐른 후 잘 놀던 개구리가 어느 순간 갑자기 뭔가 이상한 느낌을 받았는지 몸 동작이 빨라지기 시작했다. 그 후 비커를 빠져나가려고 발버둥치며 안간힘을 썼다.

그러나 이미 때는 늦은 상태로 개구리가 빠져 나오기에는 비커 안의 물이 너무 뜨거워져 있었다. 결국 그 개구리는 자기 주변의 물이 서서히 뜨거워지고 있다는 사실을 전혀 눈치 채지 못하고 노는 일에만 팔려 있다가 밖으로 탈출을 못하고 비커 안에서 삶아진 채로 죽고 말았다. 유명한 '삶아진 개구리 증후군 Boiled Frog Syndrome'의 이야기다.

한데 현 정부의 교육정책은 '후지와라 효과[3]' 처럼 한 치 앞을 내다보지 못 하고 있다는 여론이다. (*현 정부 교육정책의 장점은 빼고 단점 및 보완점을 필자의 주관성으로 말한 것임을 밝힌다) 즉 퍼팩트 스톰(*우리말의 엎친 데 덮친 격)이다.

첫째, 대학 입시는 많은 장점에도 불구하고 전직 J 장관 아들, 딸 사례가 반증하듯 허점 투성이고 상류계층 학생에게만 유리한 구조다.

둘째, 무상급식에서 시작된 보편적 복지는 '요람에서 무덤까

3) 기상 용어로서 두 개의 거대한 태풍이 인접하면 전문가들도 진로를 예측하기가 매우 힘들다고 한다.

지' 무상으로 덧칠을 하고 있다. 공짜에 대한 역치가 높아지다 보니 부작용이 한 두 가지가 아니다.

셋째, 성적의 하향 평준화로 대변되는 혁신교육은 역설적이게도 사교육 시장의 풍요를 가져왔다. (*초중고 학부모 98% 사교육 시킨다, 한국교육개발원 2019 교육여론 조사)

넷째, 교육계에서 임계질량을 넘긴 공무직은 현 정부의 '아픈 손가락' 이자 '뜨거운 감자' 다.

다섯째, 교육감을 선출직으로 하다 보니 학교 현장이 교육감 지지파, 반대파로 나뉘어 피해는 고스란히 학생에게로 돌아간다.

여섯째, 중심을 잡아야할 전문 교육관료(프로패셔날)들은 정무직 교육감, 교육부 장관의 눈치보기로 교육정책은 실종되고 교육정치만 남았다는 평가다.

일곱째, 무자격 교장(교육장)의 양산은 교육 현장의 시한폭탄이다. 세계는 지금 교육 혁명 중이다. 따라서 고급 두뇌 산업인 교육을 국가가 전략산업으로 접근하며 국가 역량을 결집하고 있다. 한데, 우리만 한가하게 교육에 이념과 정치가 덧칠 되고 교육의 본질과 무관한 언저리 정책에 헛발질을 해대고 있다.

지금 이 순간에도 서서히 취해가는 새우와 비커 속 개구리는 따뜻해지는 물속에서 유영遊泳을 즐기고 있다. '쭈이샤' 요리와 '비커 속 개구리' 가 우리나라 교육계에 주는 교훈이다.

콜럼버스 효과

콜럼버스는 이탈리아 출신 상인이자 탐험가로 스페인 왕실의 후원을 받아 1492년 미 대륙을 처음 발견하였다. 콜럼버스는 신대륙 발견으로 역사의 한 페이지를 장식했지만 사업가로는 성공하지 못했다. 그는 황금의 땅 인도를 발견했다는 착각에 사로잡혀 신대륙에서 금광을 찾는데 여생을 바쳤다가 말년에 재산도 없이 쓸쓸한 죽음을 맞았다. 정작 큰돈을 번 것은 콜럼버스의 희생을 발판삼아 신대륙에 진출한 2세대였다. 하지만 콜럼버스의 모험과 도전정신은 서방 항로 탐험을 크게 자극하였다.

그 결과 에스파냐의 항해사 '발보아'는 파나마 지협을 건너 처음으로 태평양을 바라보았고, '마젤란'으로 하여금 세계일주의 모험을 시도하게끔 자극하였다.

이처럼 길만 닦아 놓고 과실은 후자가 보는 것으로 전술한 바와 같이 획기적인 발견이나 혁신을 이룬 선도자First Mover가 반드시 성공하는 것이 아니다. 이러한 현상을 '콜럼버스 효과' 라 한다.

지금 세계의 일등기업 사례를 보면, 전자상거래의 거인 아마존도 서점의 효시가 아니다. 최초는 북스닷컴이란 사이트였다. 페이스북과 트위터가 장악한 소셜미디어의 개척자로는 마이스페이스가 꼽히며, 검색엔진은 알타비스타가 최초이지만 거대 기업으로 성장한 것은 구글 이다.

스마트폰의 선구자인 블랙베리는 성공 모델인 키보드 자판기에 집착해 터치폰으로 변화라는 트랜드를 따라잡지 못하여 애플과 삼성전자에 자리를 빼앗겼다. 반면, 선도자도 좋지만 추종자 전략도 유효할 때도 있다. 이러한 사례를 경제학에서 '후발자의 이득' 이라 한다. 이는 앞서 간 자의 경험을 배울 수 있기에 미래의 불확실성과 시행착오도 피할 수 있기 때문이다.

연꽃은 지저분한 진흙에서 나기에 더 아름답고 비바람을 맞아보지 않은 상록수는 없다. 무슨 일이든 시련과 성장통은 있기 마련이다. 그런가 하면 "매화는 모진 추위를 겪어야 비로소 향기를 뿜는다."는 격언처럼 고생 안 하고 얻어지는 결과물은 이 세상에 흔하지 않다.

이를테면 "불 사이를 지나지 않으면 금이 정련精鍊 되지 않고,

겨울이 지나야 봄이 온다."는 평범한 진리가 학생들에게 시사하는 바가 지대하다. 청소년들의 도전과 꿈을 향한 항해는 지도(꿈)와 나침반(목표)을 가지고 떠나야 한다.

파랑새 증후군

"〈파랑새〉는 가난한 나무꾼의 자녀들인 틸틸과 미틸 남매가 파랑새를 찾아 온 세상을 돌아다니는 이야기다. 남매는 병든 딸을 위해 파랑새를 찾아달라는 마법사 할멈의 부탁을 받고 개 · 고양이 · 빛 · 물 · 빵 · 설탕 등의 요정과 함께 상상의 나라, 행복의 정원, 미래의 나라, 추억의 나라 등을 찾아 밤새 헤맨다.

하지만 어디에서도 파랑새는 찾지 못한 채 꿈을 깨고 보니 파랑새는 바로 머리맡 새장 속에 있었다." (*벨기에의 작가 마테를링크의 동화) 진정한 행복은 가까이에 있음을 일깨워주는 아름다운 동화다. 이후 파랑새는 행복을 상징하는 새가 되었다.

사람은 이상의 꿈을 소망하고 갈구하며 살아간다. 이것이 인간의 본성일 수도 있다. 하지만, 행복만을 꿈꾸면서 현재의 일에는 흥미를 느끼지 못하여 관심을 가지지 않는 부정적인 면도 존재 한다. 이러한 증상을 〈파랑새증후군〉이라고 한다.

어릴 때부터 부모의 과잉보호를 받고 자라난 아이들에게서 흔히 나타난다고 한다. 부모 의존도가 높은 아이들은 정신적으로 성장이 더디기 때문에 사회에 나와서 현실과 이상에 부딪히게 된다. 이와 같은 파랑새 증후군을 극복하기 위해서는 어떠한 노력이 필요할까?

학생들은 현재의 나를 바로 보고 '자아존중감'과 '자기효능감'을 갖는 것이 중요하다. 그런 의미에서 학부모의 과잉보호는 정신적으로 미성숙함을 낳게 하고 허황된 장래 몽상만하는 태도를 갖게 하는 요인이 될 수 있다. 따라서 사소한 일에 성취감을 갖게 하고 독서를 통하여 정신연령을 높게 하는 것이 학부모들에게 요구된다.

귀여운 자녀들을 일평생 캥거루처럼 끼고 살아 갈 수도 없고, 일평생 무균실에서 성장시킬 수는 더욱 없지 않은가? 파랑새 증후군의 자녀들은 부모 자장권을 벗어났을 때 막대 잃은 장님 신세가 되기 십상이다. 수준 낮은 부모는 자녀의 과잉보호를 교육이라고 착각한다. 이는 지혜의 결핍이다.

7부. 산기슭

동조성의 법칙

인간은 다른 사람과 똑같이 생각하고 행동하는 것을 중시하는 경향이 있다. 이와 같은 현상을 '동조성의 법칙' 이라 하며 부화뇌동과도 유사하다. 이러한 동조성의 원인으로 '정보의 영향력' 과 '규범적 영향력' 을 들 수 있다. 예를 들어 스스로 판단의 근거가 부족할 때 타인이 판단한 정보를 더 가치 있다고 생각을 한다.

최근에는 인플루언서영향력 있는 사람도 무시 못 한다. 기타 집단으로부터 배척당하지 않기 위해서 동조를 하기도 한다. 이러한 동조성은 사회적 전염성을 갖는다. 카멜레온 효과라 하는 데 "주변 사람의 행동에 무의식적으로 동조하여 유사하게 변하는 현상"을 말 한다.

그 뿐만 아니라 베르테르 효과처럼 유명 인사가 자살하면 자살율이 일시적으로 증가하는 것도 넓은 의미에서 동조성의 압력에 해당한다. 이러한 동조성에 미치는 영향력은 '집단의견의 일치성' 과 '집단의 응집성' 을 들 수 있다.

그 밖에 집단에 영향을 미치는 사람의 사회적 지위가 높을수록 동조압력이 증가 하고, 공신력 있는 기관의 공식적 반응도 마찬가지다. 이러한 동조성의 법칙처럼 자녀교육은 어떻게 대처해야할까?

예를 들어 동조성의 원인, 사회적 전염성, 영향력 등을 고려한 단계별 맞춤형 교육이 요구된다. 포유류도 일정 시간이 지나면 이유離乳를 하여야 하고 새도 부화 후 일정 시간이 지나면 이소離巢를 하듯 청소년들도 항상 부모님 품안에서 키울 수는 없지 않은가? 하지만 청소년들은 아직 미성숙하기 때문에 특정 사안의 판단에서 흔들리기가 쉽다. 왜냐하면 가치관, 신념 등에서 자신의 준거 정립이 부족하기 때문이다.

자신의 준거 정립 형성에는 학교교육과 가정교육 및 사회환경이 광범위하게 상호작용을 한다. 제자 중 능력이 비슷한 두 제자 A군과 B군은 똑같이 사춘기를 겪었는데 그 후의 행보는 상반된 길을 걸어가고 있다. 독서와 신문 읽기를 꾸준히 한 A군은 주변의 불량한 유혹을 이겨내고 지금은 어엿한 사회인으로 승승장구하고 있다.

하지만 B군은 지금도 사회의 어두운 길을 걸어가고 있다. 두 제자의 사례에서 보듯 교사들의 추수지도追隨指導 · Followup service [1]에 의한 교육적 조력이 상시화 되는 시스템과 풍토가 아쉬울 뿐이다. 왜냐하면 선생님은 영원한 스승이자 북극성 같은 존재이기 때문이다.

전술한 두 제자의 공통점은 사춘기 때 주변의 불량한 유혹을 똑 같이 받았다는 점이고, 상이한 점은 독서량과 신문읽기의 차이 뿐이다. 사춘기 주변에 흔들리지 않고 건전한 가치관으로 자신만의 준거 확립은 독서와 신문읽기가 정답이다. 왜냐하면 동조성의 압력을 이겨내는 자양분이기 때문이다. 청소년들이여! "뿌리 깊은 나무는 바람에 흔들리지 않고, 샘이 깊은 물은 가뭄에 마르지 아니한다."는 교훈을 잊지 않기를 바란다.

1) 〈추수지도(追隨指導)〉 교사가 학생들에게 교육, 상담, 생활지도 등을 실시한 후 학생이 어느 정도 건전하게 적응하고 있는가를 확인한 다음 개인차에 따라 필요한 교육적 지도를 하는 것을 말 한다.

몰링형(型) 교육

태풍이 바닷물을 뒤엎어 새로운 생명이 태어나듯 교육의 글로벌 트랜드가 바뀌고 있다. 원래 몰링Malling은 경제학 용어로 복합 쇼핑몰에서 쇼핑뿐만 아니라 여가도 즐기는 소비형태를 말한다. 가족과 함께 쇼핑도 하면서 식사, 게임, 영화 등 다양한 문화체험을 하는 신개념 집객集客 영업전략이다.

같은 맥락에서 학교교육도 전통적 고정관념을 벗고 시대감각에 맞는 생각의 유연화가 필요하다. 보육교육, 유치원교육, 공교육, 사교육, 사회교육, 놀이교육, 학부모 평생교육, 심지어 학생들 친교의 장까지 학교 울타리 안에서 다 이루어져야 한다.

예를 들면, 초등 1,2학년 교실의 경우 4교시 후 텅 비어 있다. 6교시 후 운동장도 마찬 가지다. 위와 같은 교육활동이 학교에서 다 포괄하여야 한다. 이제는 한국적 교육모델의 새 버전Version이 나와야 할 때다. 이를테면 몰링교육의 새 지평을 열어야 한다.

오늘날 교육적 자산은 그 동안 수 많은 소쩍새가 울어온 결과다. 그렇다면 학교와 교사는 어떻게 변화해야 할까? 단연코 교원사회는 심리적 자본으로 무장을 주문 한다. 호주에는 날지 못하는 새가 다섯 종이나 되고 독이 없는 독사도 있다고 한다.

경쟁이 없는 조직은 퇴출될 수 밖에 없고 변화와 혁신의 무한경쟁 시대에 교직사회만 예외가 되어 무풍지대가 되어서도 안되고 될 수도 없다. '다가오는 선진 한국을 실현할 모집단은 교사다.' 라는 명제를 가슴에 안고, '잠자는 교육보다 요동치는 교육이 낫다.' 는 말처럼 열정을 쏟아야 한다.

이 같은 정책은 역대 정부의 기조와도 궤를 같이 하며 교육 선진국으로 가는 구름판 역할을 할 것이다. 그 후 '투자승수 효과'의 판단은 학부모들의 몫이다. 다만 그들은 방관자가 아닌 관전자가 되어 협조와 비판의 칵테일이 되어야 한다.

우리나라 학부모의 동심원은 구심력도 강하지만 원심력도 만만치 않다. 헌데 일부 교육 관료들의 이념편향과 무능력, 오만함의 표본이라는 비난도 있음을 간과한다면 정보의 편식이다. 교육부와 시 · 도교육청의 직장문화 개선의 비조鼻祖는 특정 이념 어공들의 무능과 관료문화 척결이라는데 이의가 없다는 시중의 지배적인 여론이다.

시그너처Signature · 의식하지 못 하는 습성의 관료적 습성을 가진 사람이 있다면, 시대정신에 반하는 둔감력의 소유자일 뿐이다. 우리나라 교육의 정체성 확립과 함께 몰링 개념을 도입할 시점이 왔다. 그 이유는 '윔블던 효과' 에서 찾을 수 있다.

학교가 갈라파고스 성처럼 은둔의 공간이 되어도 안 되고 '우월적 착각' 에 빠져서도 안 된다. 교육자라는 미칭美稱은 염결성廉潔性과 함께 윤리의식과 도덕성이 전제될 때 불려지는 사회적 명성자본이자 상징자본이다.

그렇지 않으면 치부를 은닉하는 언어적 분칠 밖에 안 된다. 그래서 교사는 자기만의 '아우라Aura · 자신만의 독특한 칼러' 를 창출해야 한다. 교육시장은 경쟁 없는 광활한 블루오션이 아니라 치열한 각축이 벌어지는 레드오션이기 때문이다. 그 후 자신을 대표할 '비루트virtu · 탁월한 능력' 가 있어야 한다. 우리는 합리성이 지배하는 사회로 가고 있는데 시간이 많지 않다.

곰팡이 슨 과거 경험이 절대선이 아니듯 뜬구름 잡는 정책 또한 학부모에게 '희망고문' 일 수 있다. 금테 두른 달력도 새 해가 되면 바꾸어야 한다. 고정관념의 울타리에 갇혀 잠겨 있던 '융합교육 에너지' 를 한껏 발휘할 수 있는 새 버전이 요구 된다. 시대정신에 부합하는 인재가 '숨은 그림 찾기' 만큼 어려운 것도 아니고, '서얼' 의 한품서용限品敍用처럼 금도가 있는 것도 아니다. 그렇다면 탁월한 지식 편집가요 전방위적 지식경영자의 인재풀을 조그만 옹달샘에서 찾는 우愚를 범하는 이유가 궁금하다. 한국형 몰링교육의 원년이 되기를 기대해 본다.

방안의 코끼리

'방 안의 코끼리elephant in the room' 란? "누구나 잘못되었음을 알고 있지만 아무도 언급하지 못하는 무거운 문제를 비유적으로 이르는 말"을 의미한다. 크고 무거운 문제를 코끼리에 비유한 표현으로, 어떤 사실이 너무 거대하고 무거워서 덮어두고 언급하길 꺼리는 상황을 말할 때 쓰인다. 커다란 문제임에도 불구하고 거대한 코끼리가 지금까지 방을 차지하고 있었던 것은 회피나 무관심 때문이다.

다수가 반대할 것 같은 상황에서 괜히 먼저 말을 꺼냈다가 오히려 부정적인 결과를 일으킬 것 같은 불안감이 그 원인이다. 한마디로 '모난 돌이 정 맞을까 봐' 입 다물고 있는 상황이다. 정치적으로 위험해지기 때문에, 혹은 그냥 두려워서 등 이유야 어찌됐든 중대한 일을 계속 외면하다 보면 '방안의 코끼리'와 같은 현상이 일어난다. 작은 방안에 큰 코끼리가 있다. 동네방네 소문 안 났을 리 없다. 하지만 엄연한 사실임에도 서로 말들을 안 한다.

포퓰리즘 교육 측면에서,

우리나라 교육현장은 무상급식에서 출발하여 무상복지는 '개미지옥' 을 향하고, '공유지의 비극' 은 근近미래라는 것이 전문가들의 공통된 견해다. 이 뿐만 아니라 혁신교육은 일부 장점에도 불구하고 지적 수준의 하향 평준화로 말미암아 '평등' 을 '알라' 신으로 섬기는 탈레반의 얼굴을 본다는 평가다.

서울대학교도 없애고 프랑스 파리 1대학 2대학처럼 하자는 주장이다. 진보교육의 '징비록' 을 쓰자는 주장이 힘을 얻고 있다. 이렇게 고장 난 진보교육에 그들 안에 양심세력들조차 말도 못하는 것이 '방안의 코끼리' 라 한다.(*진보교육의 순기능과 역능은 독자들의 판단에 상이할 수 있다.)

탈원전의 예에서,

미국 원자력규제 위원회는 차세대 원전APR1400 · UAE 바카라원전 적용에 최종 설계 인증을 내줬다. 타국이 개발한 원전을 미국이 인증해준 첫 케이스로 국내 원전 60년 사의 쾌거다.

한국형 원전이 세계 최고 수준이라는 공식 인정을 해줬는데도 현 정부는 정상적으로 돌아가는 원전을 억지로 세우는 자해극을 멈추지 않고 있다. 2022년까지 돌려도 아무 문제가 없을 월성 1호기 조기 영구폐쇄 결정을 하였다. 임기 5년의 정부가 수명 연장을 금지한 고리 2~4호 등 총12기의 원전이 2030년까지 영구 정지될 처지다.

신한울 3·4호 등 신규 원전 백지화도 그대로 밀어 부치고 있다. 비전문가 대통령의 탈원전 신념 하나 때문에 수백조원 대 황금알 원전 시장에서 원전 인프라가 초토화 되고 있다. 이러한데도 정부 여당의 양식 있는 인사들 조차 꿀먹은 벙어리다. 이러한 경우도 '방안의 코끼리' 라 표현한다.

북핵 문제의 예에서,

북한의 김정은은 핵을 포기할 생각이 전혀 없는 듯하다. 왜냐하면 리비아의 카다피, 이라크의 후세인 대통령은 핵무기가 없어 정권의 몰락을 가져왔다는 학습효과 때문이다. 사이비 종교 교주급인 김정은은 선대의 유훈이기도 하지만 핵을 포기하는 순간 봉건왕조 세습은 순식간에 몰락할 것이라 믿고 있다.

이러한데도 남한의 좌파정권은 모르는 건지 순진한 건지 북한 핵무기 보유를 기정사실화 하려고 한다. 경제 실정으로 민심이반을 북한과의 교류로 평화라는 당의정을 씌워 모면해 보려는 술수다. 반일을 민족감정에 호소하여 '정신승리' 라 한다든지 반미면 어떠냐는 식으로 국정을 운영하다보니 국제사회의 미아 신세 일보 직전이다. 이러한데도 국정에 쓴 소리 한 마디 없는 것은 국회의원 공천이나 기타 고위 공직의 미련 때문이다. 이 또한 '방안의 코끼리' 이다.

장차 학생들이 '방안의 코끼리' 같은 존재가 되어서는 곤란하다. 〈민주주의는 어떻게 오는가?〉의 저자 '로널드 잉글하트' 는 "자기 표현의 가치가 중시 될수록 선진국을 닮아간다. 이 가치의 확산은 민주주의 발전에 새로운 좌표가 될 것이다" 라는 말에 답이 있다.

서울 인헌고 학생들의 전교조 교사에 대한 집단 반발과 여수 모 고등학교 기간제 한문 교사에 대한 반발은 학생들의 자연스런 행동이라고 본다. 교수권을 무기로 학문적 정의가 실종된 교육은 누가 보아도 교사의 정신세계 즉, 경도된 가치관을 의심할 만하다. 왜냐하면 학생들에 대한 이념의 편향교육은 독이 될 수 있기 때문이다.

샤워실의 바보

바보가 샤워실에 들어 가서 샤워 꼭지를 틀었더니 찬 물이 나왔다. 그는 조금 기다리면 될 텐데 뜨거운 물이 나오도록 샤워 꼭지를 급히 돌렸다. 바보는 뜨거운 물이 나오자 또 깜짝 놀라 찬 물이 나오도록 꼭지를 반대로 틀었다. 찬 물, 뜨거운 물… 바보는 어리석은 '꼭지 틀기' 를 수없이 반복한다. 샤워 물 꼭지는 온수, 냉수 어느 방향으로 돌려도 조금 기다려야만 원하는 온도의 물이 나온다.

1976년 노벨 경제학상을 받은 밀턴 프리드먼 전 미국 시카고대 교수가 정부의 무능과 어설픈 경제정책을 꼬집기 위해 예를 든 개념이다. 정부가 정책을 추진할 때, 세밀한 조정작업을 거치지 않고 냉온탕을 왔다 갔다 하는 현상을 '샤워실의 바보' 라 말한다. 샤워실의 바보는 특히 정치 · 경제 · 사회 · 교육 등 공공정책 분야에서 많이 본다. 전 정부와 현 정부 교육정책을 전술한 개념으로 설명해 본다.

현 정부의 교육정책은 '① 국가가 교육을 책임진다 ② 공정한 교육기회를 확대한다 ③ 1:1 맞춤 진로교육을 한다 ④ 교육 적폐를 청산한다 ⑤ 4차 산업혁명에 대비하고, 국민의견을 수렴한다' 는 다섯 가지 기조로 요약된다.

한마디로 정의하면 '1:1 진로 맞춤형 공교육 강화정책' 이라 할 수 있다. 이는 곧 '사교육 NO, 공교육 국가 책임' 이라 요약된다. 요람에서 무덤까지 장밋빛 일색이다. 한데, 어느 날 갑자기 대통령 말 한 마디에 정시 수시 비율이 교육부 기조를 바꿔 버린다.

가히 청와대 정부라는 말이 힘을 얻는다. 교육정책이 일관성보다 수시로 바뀌니 '샤워실의 바보' 가 된 느낌이다. 초가집에 살아 본 적 없는 책상 좌파의 낭만 타령에 대한 국민들의 인내가 임계점을 향하고 있다. 따라서 정권만 바뀌면 교육의 모든 문제를 못으로 보고 망치를 휘두르려 하는 것은 '사고의 오류' 일 가능성이 크다.

무상 포퓰리즘, 자사고 죽이기, 무자격 교장, 역사교과서, 보육정책, 고교무상교육 등 교육정책을 이념에 덧씌워 추진하면 양측의 주관적 가치관에 따른 '주장' 만 있을 뿐, 교육적 효율성에 기초한 '해답'은 없다. 우선 올해 신학기부터 초등학생들이 사용하는 교과서에 '대한민국 수립'이라는 표현이 모두 '대한민국 정부수립'으로 바뀐 것을 비롯해 213건이 현 정권의 역사관에 맞게 수정됐다.

초·중·고등학교 역사(사회) 교과서도 수정작업을 거쳐 일선 교육 현장에 나왔다. 사회가 발전하려면 쟁점사항에 대해 반대하는 의견이 있으면 재론 협상을 통해 상대방을 이해하고 긍정하는 정반합正反合 과정이 필수적이다. 대칭적 구도 아래서도 권력이 정당화할 수 있는 근거이기도 하다.

다음은 '교육 적폐 청산'이다. 현재는 이런 명분으로 전대미문의 혁명적 조치들이 이루어지고 있다. 이해찬 前 교육부 장관이자 총리까지 지낸 분은 보수를 궤멸시켜야 한다고 공개적으로 발언했다.

필자는 이 말이 섬뜩하게 다가온다. 꼭 북한 매체 어디에서 들어 본 듯한 말이기 때문이다. 정권이 취약하고 정체성이 불투명하면 여론만 따라가는 포퓰리즘에 빠진다. 결국 정책의 일관성은 실종된다. 일관성은 지도력 신뢰의 핵심이다.

민생은 '표류', 국가 전략은 '실종'

요즘 정치권의 최대 화두는 무상복지 시리즈다. 무상급식, 무상보육, 무상의료, 반값 등록금 등은 정치적 의미의 유토피아적

이상주의는 될 수 있을지언정 현실적으로 파라다이스 같은 천국이나 낙원은 아니다. 해 질 녘 어물전에서나 들림 직한 '반값'과 '무상'의 호가呼價에는 언어적 품위도 정책적 실리도 없다.

자기들 편리한대로 말의 성찬盛饌을 쏟아낸다. '기교技巧 정치'의 냄새를 짙게 풍기는 수사修辭일 뿐이다. 어차피 발정 난 코끼리들끼리 싸우면 언제나 다치는 것은 발밑의 풀이다. 민초民草들이다. 민생은 표류하고 국가전략은 실종됐다. 중심을 잡아야 할 교원들까지 일부이긴 하지만 부화뇌동하고 있으니 국가의 장래가 심히 걱정스럽다.

분열의 극에 치달은 교육 현장

상아탑의 담론이나 자문 교수 경험만을 갖고 현학적이고 뜬구름 잡는 정책을 쏟아내는 어공들 때문에 애꿎은 국민들과 학생들만 방황하게 된다. 경기도 교육청의 경우 "교장을 우리 손으로 뽑는다."는 그럴듯한 슬로건 아래 앞으로는 중고생들을 공모학교 교장 심사에 참여시킨다고 한다.

그들에게 교장 심사권을 주었을 때의 역기능은 독자 여러분의 판단에 맡긴다. 더불어 전임 정부 정책을 형해화 하면 일부 진영과 단체는 카타르시스(감정정화)는 될지언정 대다수 교원과 국민은 불안해하고 저의를 의심할 수밖에 없다. 지금 교육 현장은 정치권에 오염돼 오수와 탁수가 넘친다. 구성원들 간에 두 색목으로 갈려 화성과 금성에서 온 사람처럼 분열된 것이 현실이다.

메가톤급의 시한폭탄은 또 있다. 바로 '학교장 양성 아카데미' 이다. 지금도 무자격 교장으로 인한 교단 갈등이 극에 달하고 있는데, 교장 아카데미 출신 평교사가 교장으로 양산되는 날부터 교단은 엉망진창이 될 것이다. '샤워실의 바보' 교육 정책은 일관성 부재일까? 아니면 유연성일까? 독자들의 판단에 맡긴다.

앵커링 효과

닻 내림을 뜻 한다. 정박효과 또는 닻내림 효과 라고도 하며, 배가 항구에 닻을 내려 정박하는 것처럼 생각이 어딘가에 닻을 내려 그 주위를 맴도는 것을 일컫는다. 닻을 내린 배가 크게 움직이지 않듯 처음 접한 정보가 기준점이 되어서 판단에 영향을 미치는 일종의 편향 또는 왜곡 현상을 말한다. 이를테면 물건을 구매 시 소비자들은 처음 제시 받은 가격을 기준으로 생각하는 경향이 강하다.

이러한 소비자의 심리 현상을 잘 이용하고 활용하는 곳이 기업들이다. 예를 들면 금융권의 대출상품, 자동차 구매, 가전제품 구입 시 판매가 책정과 세일 전략에 이르기까지 소비자의 행동심리를 잘 이용한다.

이처럼 처음 얻은 정보를 기준으로 그 언저리에서 답을 구하면서 새로운 정보를 받아들이지 않으려고 하는 현상이 있다. 이를 행동경제학에서 '앵커링 효과anchoring' 라 한다. 그렇다면 자녀들의 올바른 경제활동을 위해서는 어떠한 전략이 필요할까? 구매하고자 하는 상품의 전후비교와 좌우비교를 통한 합리적인 가격 결정을 할 수 있는 체험과 훈련이 중요하다.

이와 유사한 사회 심리학의 초두효과(초두현상)가 있다. 상반되는 정보가 시차를 두고 주어지면 정보처리과정에서 초기정보가 후기정보보다 더 중요하게 작용하는 것을 말한다. 이러한 현상을 흔히 첫인상으로 표현하는데 이 때의 첫인상은 나중에 들어오는 정보를 해석하는 기준으로 작용한다.

첫선을 본 후 첫인상이 강한 기준으로 작용하여 두 번째 세 번째 선 본 사람의 판단의 잣대로 해석하는 경우를 주변에서 볼 수 있다. 자녀교육에서 전술한 앵커링효과 즉 초두효과를 유효적절히 작용케 한다면 교육적 효과성을 극대화 할 것이다. 학생들은 덜 다듬어진 조각품이기에 예술가의 안목대로 조각할 수 있다.

교육은 엄마 뱃속에서 '시침 바느질' 만 한 상태로 태어난 다음 앞으로 살아갈 환경에 맞도록 '본바느질' 을 다시 하는 것과 같은 이치이다. 온갖 물질적 풍요로 잠깐 불쏘시개처럼 학생들의 마음을 유혹할 수는 있지만 불쏘시개를 계속 태울 수는 없지 않은가? 학생들은 두 종류의 유리를 통해서 세상을 바라보며 자아가 형성된다.

하나는 거울이고 또 하나는 창문이다. 거울이 자아를 바라보는 것이라면 창문은 타인을 통해 나를 반추해 보는 통로가 된다. 그 후 '파스텔 핑크' 처럼 어릴 때 좋아한 기억(정보)은 평생 영향을 미치게 된다는 말에 학부모들은 귀 담아 들어야 할 것이다.

키치 교육

키치kitsch는 독일어로 직역을 하면 저속, 또는 질이 낮은 이라는 의미를 가진다. 일반적으로 모방된 감각, 저속한 작품, 사이비 예술을 뜻하며 천박하고 저속한 모조품, 싸구려 상품을 이르는 말로 쓰이고 있다. 사회학적으로 상류계급을 흉내 내는 그럴듯한 의식성儀式性을 자축하는 부류를 말하기도 한다.

교육이 키치 상품으로 전락된 배경은 이러하다. 교육감을 주민 직선으로 선출하다 보니 교육은 실종되고 온통 이념과 포플리즘이 성행한다. 근본적으로 질 좋은 교육 정책이 나올 토양이 안 된다. 교육의 정치적 중립성이 아니라 더 정치화 되었다는 일반 시민들의 평가다.

노동직 교직관을 가진 일부 교사들은 물 만난 고기떼처럼 행동한다. 학생들 가르치는 일보다 정치적 사건이나 사회 이슈에 더 깊숙이 간여한다. 침묵하는 다수의 교원들과의 적대감도 일삼는다. 이들은 교육의 외피外皮를 두른 노동 운동가이자 선동가일 뿐이다.

일부 교육감은 선거연령을 16세로 낮추자고 열변을 토하고 다닌다. 이유는 학생이 주체가 되는 교육을 위해서는 학생들에게 투표권을 부여해야 한다는 논리다. 학생이 주체가 되는 교육? 북쪽 어느 동네(?)에서 많이 들어본 용어 같기도 하다.

자연히 이와 같은 가치관과 교육관을 가진 교육감한테 나오는 교육 상품(정책)이 교육현장에서 물과 기름처럼 떠돌 수밖에 없음은 자명하다. 무상 시리즈가 그렇고 인권을 빙자한 교단 무질서와 학력경시 정책은 외국의 일부 사례를 모방한 짝퉁 상품일 뿐이다. 환언하면 키치교육이다.

교사들은 어떤 자세로 근무해야 되는가는 본인들이 더 잘 알고 있을 것이다. 교육자에게 국가관과 윤리 도덕은 삼손의 '머리털' 과 같다. 따라서 국가 교육을 위임 받은 직업의 안정성 측면이나 사회적 지위로 볼 때 국민들의 혈세로 보수를 받는데 피부에 와 닿는 교육행정 서비스를 해야 함은 재론의 여지가 없다. 공직자는 국민의 소리를 들으며 직무를 하는데 그 소리를 못 듣는 귀머거리가 된다면 퇴출의 길밖에 더 있겠는가?

후세에 너의 조상이 누구냐고 묻거든 나의 조상은 트로이 전

선에 참전한 용사였다고 일러 주라고 하던 고대 희랍 사람들의 긍지와 국가관을 공직자들은 본받아야 할 것이다. 혼란스런 교육계에 구루Guru · 신성한 교육자는 보이지 않고 온통 키치 교육자들의 놀이터가 되었다.

그래도 우리나라 학생들의 성적이 OECD국가 중에서 상위를 유지하고 있다. 이는 교육자적 양심이 있는 교원의 기층이 단단하기 때문이다. 이반 일리치의 〈학교 없는 사회〉는 이상일까?, 현실일까? 그래도 학교 있는 사회가 낫지 않을까?

하버드대 입학 전형

2015년 미국 하버드대에 지원한 학생 2만2796명의 56%는 미국 대학수학능력시험SAT 성적이 1400점(1600점 만점) 이상인 수재들이다. 그러나 합격 통보를 받은 학생은 그중에서도 2074명(약 16%)에 불과하다.

입학 조건을 보면, 1)학업성적(내신) 2)표준시험 성적(SAT) 3)과외활동, 학과관련 활동, 개인경력 및 수상경력 4)개인 에세이 5)추천서 6)면접이다. 2015년이 같은 조건에 의한 입학 전형 결과는 1)대학 정원 2,100명 지원자 19,600명 2)지원자 19,600 명 중 고교 성적 1등하는 학생 수 약 3,000명 3)지원자 중 1등하는 학생 3,000명 중 약 80%가 떨어졌다.

경향성을 보면 성적만이 중요하지 않은 것이 반증 되고 독창적이고 비범한 사람을 원함을 알 수 있다. 더불어 서울대 소비트렌드 분석 센터의 미래시장 전망에 의하면 "불확실성의 시대에 살아남을 수 있는 설득과 공감 능력"을 길러야 한다고 하였다. 프린스턴 대학의 입학전형도 이와 비슷하다.

이렇다 보니 미국의 중·고등학교 학생들은 자신의 장점을 살리는 다방면의 특별활동을 아주 활발히 한다. 특히 중고등학교 시절 체육활동은 우리나라 교육에서 시사 하는바가 지대하다. 그 결과 청소년들의 체육활동은 건강한 신체는 물론이고 교우관계, 사회성 등에서 환언하면 잠재적 교육과정 측면에서 교육적으로 매우 중요하다.

반면 우리나라의 청소년들은 대학입학 준비에 몰입하다 보니 성장기의 건강에 경고등이 켜진지 오래 되었다. 존 로크는 "건강한 신체에 건강한 정신" 이라 하였고, 철학자 베이컨은 "건강한 육체는 영혼의 거실이고 병든 육체는 영혼의 감옥이다." 고 하였다.

제자 A군은 법조계에서 제자 B군은 교육계에서 열심히 살아가고 있다. 하지만 두 제자의 사회성이 문제다. 동기동창들과의 어울림이 없고 항상 외톨이다. 제자 C군은 우리나라 입시제도 하에서 속칭 일류대학은 못 갔지만 친구들과 잘 어울리고 적성에 맞는 직업으로 사회적 부富를 이루었다.

지금도 주변에 베푸는 자세로 살아가다 보니 베푸는 자의 행복한 생활을 하고 있다. 학력學歷보다 학력學力이 대세를 이루는 세상에서 자기가 하고 싶은 일을 하면서 살아가는 삶이 제일 행복함은 만고의 진리이다. 제자 D.E 는 일류대학은 나왔지만 한참 성장기인 학창 시절 속칭 범생으로 공부는 잘 하였으나 운동을 안 하다 보니 지금까지 건강에 문제가 있어 삶의 질이 떨어져 살고 있다.

AI와 4차 산업혁명의 여명기에 현재와 같은 인재 상(표준인력)도 바뀌어야 한다. 이 때 전문가에 의한 교육개혁을 할 때 선출직의 표심에 의한 정책 오염을 차단해야 성공할 수 있다. 그렇지 않으면 백약이 무효가 된다. 이 세상에 어떠한 부모가 자녀들의 장래에 누구나 선망하는 직업 갖기를 원하지 않겠는가?

현재 우리나라의 입시제도에서 상류층에 '기울어진 운동장'은 불편한 진실이다. 역설적이지만 미국에선 하버드대 졸업장의 가치를 딱 4년이라고 한다. 그러한 하버드 대학의 입학 조건은 미국에만 있고, 우리나라는 무릉도원처럼 현실화 될 수 없는 것일까? 공정과 정의는 말로만 해서 정착되는 것이 아님은 00 전 장관의 가족사가 반증反證 한다.

허수아비 공격의 오류

물타기, 논점 흐리기라고도 말 할 수 있으며 말하고자 하는 바를 교묘하게 비틀어서 본래 말하고자 했던 것은 사라지고 엉뚱한 것만 남게 되는 오류를 말 한다.

허수아비 때리기straw man fallacy라는 논증의 한 종류이며, 동시에 상대방의 입장을 곡해함으로써 발생하는 비형식적 오류를 말 한다.

이는 상대방의 입장과 피상적으로 유사하지만 사실은 비동등한 명제(허수아비)로 상대방의 입장을 대체하여 환상을 만들어 낸다. 그리고 그 환상을 반박하는 것이 바로 허수아비 때리기이다. 이때 환상을 아무리 공격해 보았자 상대방의 원래 입장은 전혀 반박되지 않은 채 고스란히 남아 있게 된다.

따라서 주제의 핵심을 꿰뚫지 못 하고 언저리를 공격 포인트로 하여 초점을 흐리는 논쟁이라 말할 수 있다. 국회 인사 청문회에 나온 후보자들이 궁지에 몰리면 '허수아비 공격의 오류'를 잘 활용하는 부류들이다.

요즘 TV를 켜보면 곳곳에서 토론이 벌어진다. SNS 유튜브에서도 수시로 논쟁과 설전이 벌어진다. 바야흐로 논쟁이 홍수처럼 넘쳐나는 세상이다. 이와 같은 오류를 대별하면 언어적 오류, 심리적 오류, 자료적 오류, 귀납논증의 오류가 있다.

하지만 이와 같은 오류를 범하는 당사자는 정작 자신이 상대의 주장을 무시하며 왜곡되고 과장된 주장을 하고 있다는 것을 깨닫지 못하는 경우가 대부분이다. 방향이 잘못되다 보니 노를 열심히 젓지만 배(핵심)가 산으로 갈 수도 있는 이치와 같다.

〈논리와 비판적 사고〉의 저자 김광수 교수는 "사자를 고양이라고 해서 사자가 고양이가 되는 것도 아니고, 고양이를 쓰러뜨렸다고 해서 자랑스러워할 것도 없다"고 하였다. 예를 들어보자.

A : 대기오염을 막기 위해 자동차 운행을 줄여야 합니다.

B : 왜? 자동차를 없애고 아예 걸어 다니자고 하지 그러냐?

A : 아이들이 도로에서 노는 건 위험합니다.

B : 아닙니다. 아이들이 밖에서 노는 건 좋은 일이죠.

지금 이 얘기는 아이들을 집안에 가둬 키우라는 얘기겠죠? 그게 올바른 교육방법일까요? 당연히 그렇지는 않겠죠.

논쟁의 핵심을 꿰뚫지 못하는 논리적 중점 주제의 이해부족인 경우다. 자녀들의 논리력 부족 가능성은 낮지만 핵가족에서 찾는 학자도 있다. "한 아이는 자기만 알고, 두 아이는 이기고 지는 것만 알고, 세 아이는 되어야 귀를 열고, 대화와 협상, 연대를 안다"고 하였다.

우리나라의 갈등지수는 OECD국가 중 네 번째로 높다고 한다. 왜일까? 어려서부터 토론문화가 성숙되지 않았기 때문이다. 이스라엘 사람들은 '사람은 둘인데 의견은 셋'이라 할 정도로 치열한 아큐멘테이션논쟁의 사회적 논쟁법이 발달한 나라다. 이렇다 보니 성숙한 시민 민주주의를 정착시킬 수 있는 토양이 된다.

논쟁의 최후 결론은 법에 의존하기에 이르는데 법은 최후에 찾아야 할 차가운 절차일 뿐이다. 필자가 91년 해외연수로 미국과 캐나다에 갔을 당시, 인상 깊었던 것은 미국과 캐나다의 책상 배치였다. 함께 갔던 연수생 모두가 "아!!!"하는 탄성이 나왔다. 이 부분은 우리나라도 적극 도입이 필요하다는 한 마디였다.

여럿이 토론학습을 할 수 있는 커다란 둥근 책상과 낱개지만 합치면 둥근모양의 토론테이블이 되는 책상구조였다. 어려서부터 '수직문화' 보다는 '수평문화' 가 발달 되어 활발한 토론 학습이 전개되고 있었다. 우리나라도 가정, 사회, 학교에서 토론문화의 정착을 통한 성숙한 시민의식의 고양과 토론학습 문화가 정착되기를 기대해 본다.

8부. 가로등 심리

- 긍정적 중독
- 도박사의 오류
- 상자 밖에서의 사고
- 스톡홀름 증후군과 리마 증후군
- 어글리 베이비 증후군
- 오만(傲慢)함 지수
- 작은 네트워크 세상
- 청어구이
- 파스칼의 도박

궁정적 중독

미국의 정신과 의사인 윌리엄 글라서W · Glasser는 '긍정적 중독'이라는 용어를 최초로 사용하였다. 직역하면 좋은 영역에서 미치도록 중독되는 현상을 말한다. 그는 대표적 활동으로 운동, 독서, 명상, 취미 활동 등을 꼽았다. 하지만 삶의 균형이 무너진 상태가 중독이기에 사실 좋은 중독이란 존재하지 않을 수도 있다.

우리가 살아가면서 일, 운동, 취미, 심지어 신앙까지도 중독이 된다고 한다. 과유불급過猶不及이라는 말이 시사하듯 청소년들이 잊지 말아야 할 것은 학습과 삶의 균형이다. 왜냐하면 비타민처럼 부족한 것도 병을 만들지만 지나친 것도 병을 만들기 때문이다.

그러면서 좋은 중독과 나쁜 중독을 비교하면서 '긍정적 중독'의 특징을 설명하고 있다.

첫째, 생산적이다.

둘째, 장시간 소요된다.

셋째, 관계의 양과 질이 확장된다.

넷째, 쾌감만이 아니라 성취감, 충만감 등 다양한 정서적 충족이 이루어진다.

스포츠 학계에 따르면 국민소득이 늘어날수록 마라톤과 철인 3종 등 극한 스포츠가 인기를 끈다고 한다. 김병준 교수(인하대 스포츠 심리학)는 정서적인 만족을 추구하는 인간의 새로운 도전을 통해 자기만의 만족을 찾을 때 '긍정적 중독Positive Addiction'에 이른다고 하였다.

사회적으로 성공한 사람들이 각종 스포츠로 새로운 도전에 나서는 배경에는 자신과의 싸움을 통해 정신적인 만족(성취감)을 느낄 수 있기 때문이라고 한다. 그런 의미에서 마라톤은 국민소득 2만 달러 스포츠, 철인 3종은 국민소득 3만 달러 스포츠라 하였다.

같은 중독이라도 마약, 도박 등 부정적인 중독은 몸에 해로울 뿐만 아니라 사회적 해악이지만 스포츠를 통한 긍정적인 중독은 권장해야 한다고 주장한다. 성인뿐만 아니라 청소년들에게 들려주는 메시지가 피부에 와 닿는다.

우리나라 청소년들의 체격은 국민소득의 향상과 더불어 몸무게와 체중은 상당히 신장되었다.하지만 상급 학년으로 올라갈수록 늘어난 학습량, 신체활동과 수면시간의 감소, 불규칙적인 생활습관, 컴퓨터 등이 복합적으로 작용되면서 체력은 상대적으로 저하되었다.(*2018년도 학교건강검사 표본조사)

이 밖에 청소년의 흡연, 음주, 비만도 심각한 수준에 와 있다. 청소년의 정신건강 측면에서도 나약함, 의타심 심화, 인내력 부족 등 정신건강에도 경고등이 켜진지 오래 되었다. 그런가 하면 청소년의 민주시민의식 수준은 OECD 국가 중에도 중하위 수준이다. 청소년의 체력저하, 정신건강, 인터넷 중독 게임중독 등을 일거에 치료할 수 있는 특효약은 스포츠를 통한 '긍정적 중독' 이 되어야 한다고 믿는다.

전문가에 의하면 긍정적 중독 상태에 도달하는 데 1년 정도 걸린다고 한다. 한 번 긍정적 중독에 걸리면 부정적 중독처럼 그들은 할 수만 있다면 계속할 것이다. 왜냐하면 긍정적 중독은 기분을 좋게 할 뿐만 아니라 누가 시키지 않아도 스스로 하고자하는 의지와 함께 힘도 용기도 생기기 때문이다.

각종 스포츠에 '긍정적 중독' 이 되다보면 육체건강과 정신건강 더 나아가 자신감까지 모두 얻을 수 있다. 자신과 타인 모두에게 도움이 되는 긍정적 중독이야말로 청소년들의 건강성은 물론 사회의 건강성도 좋아진다는 것이 전문가들의 견해다.

청소년들이 '긍정적 중독' 에 빠지다 보면 장래의 성공은 9부 능선을 넘어섰다고 보아야 한다. 이 글을 읽는 독자들의 주변에서만 보아도 여러 직역에서 성공한 사람들의 이면에는 '긍정적 중독' 의 결과가 다수임이 반증하지 않는가? 요행과 새치기를 삶의 융통성이라 착각하는 사람들의 성공에는 한계가 있다.

도박사의 오류

도박사의 오류란? 과학적으로 잃게 되었는데 심리적으로 잭팟이 터질 것 같은 심리상태를 말한다.

'몬테카를로의 오류' 라고도하며 1913년 몬테카를로의 카지노에 붉은색과 검은색을 맞추는 룰렛게임 도중 구슬이 20번이나 검은색으로 떨어졌다. 이제 확률적으로 붉은색에 거액 배팅을 하였는데 룰렛구슬은 검은색이 7번 더 나왔다고 한다. 이와 같이 한 순간 A와 B가 일어날 확률은 각각 동일하게 절반씩임에도 불구하고 A 혹은 B 중 어느 하나에 더 강한 느낌이 가는 현상들을 통칭한다.

서로 독립적으로 일어나는 확률적 사건이 서로 확률에 영향을 미친다는 착각에서 기인한 논리적 오류를 말 한다.

예를 들면 동전을 던져서 앞면이 5회 연속 나오면 다음에는 뒷면이 나올 확률이 높아질 것으로 생각하는 심리 상태를 말한다. 당사자의 편향 추리의 결과로 일상에서 윷놀이, 복권, 주사위 등에서 볼 수 있다. 동전 던지기의 예에서 보듯 사람들은 독립적으로 발생하는 사건들이라 하더라도 상호 연관되어 있을 것이라는 심리적 경향성을 갖고 있다. 일종의 균형을 이룰 것이라고 암묵적으로 생각하는 심리다.

사람은 '도박사의 오류' 의 반대 개념인 '뜨거운 손 오류' 에 빠지기도 한다. 농구 경기에서 슛을 한두 번 연달아 성공시킨 선수에게는 동료들의 패스가 집중되는 패턴을 볼 수 있다. 또한 축구 경기에서도 전반전에 골을 기록한 선수에게 동료들의 패스가 집중되어 체력을 급속도로 소모하게 만드는 비슷한 현상이 관찰되고 있다

공교롭게도 그 선수가 그날의 컨디션이 좋을 수도 있겠지만 유난히 경기 초반 슛 성공률에 의해 이러한 패턴이 반복된다. 이 때 그 선수의 컨디션 이외에도 그 선수를 바라보는 다른 선수들의 심리적 요인이 작용한다는 것이 전문가들의 견해다. '신들렸다' 는 말로 요약되며 이전의 성공으로 자신감이 붙어 확률이 높아지는 현상이다. 이를 '뜨거운 손 오류' 라고 한다.

그렇다면 동일한 현상을 두고 '도박사의 오류' 와 '뜨거운 손 오류' 로 설명하는 근거는 무엇일까? 심리학자인 피터 에이튼

P · Ayton과 일란 피셔I · Fischer가 매우 설득력 있는 답을 제시해 주고 있다. 이들의 연구에 의하면, 동일한 현상을 두고, 그 현상을 인간의 힘으로는 어찌 해 볼 도리가 없는 자연법칙에 근거하여 발생하는 것과 이에 더해 부정적인 사건들 위주로 이전에 많이 발생했다고 생각하면 '도박사의 오류' 가 일어날 가능성이 더 높다는 것이다.

반면에 동일한 현상이라도 이 현상이 일어나는 분야가 인간의 의지가 영향을 미칠 수 있는 여지가 많다고 생각을 하면 '뜨거운 손 오류' 가 더 많이 일어난다는 것을 밝혀냈다. 이와 같이 일부 학부모는 '도박사의 오류' 처럼 자녀들의 학업 성적이 오늘보다 내일 더 좋아 질 거라는 막연한 기대감으로 판단력에 혼란을 겪는다.

학부모들은 사교육업자들의 입시 정보를 공유하며 다수가 움직이는 방향이 옳은 방향인 줄 알고 '군집행동' 을 한다. 그 후 자신의 선택을 정당화하는 뉴스와 정보만 받아들이는 '심리적 확증편향' 에 이르게 된다. 사교육비는 점증하고 중간에 포기할 수도 없는 딜레마다. 비용과 편익의 관점에서 '매몰비용의 오류' [1]다.

그 간 사교육비에 대한 미련 때문에 쉽게 궤도 수정을 하지

1) 〈매몰비용의 오류〉 돈이나 노력, 시간 등을 투입했다면 일단 그것을 지속하려는 심리로 일종의 인지부조화 현상에 해당한다. 예를 들면 영화가 재미 없어도 티켓 값이 아까워 끝까지 보는 심리를 말 한다.

않으려 한다. 반대의 경우 이달에도 성적이 좋았으니 다음 달에도 좋을 거라는 '뜨거운 손 오류' 에 빠지기도 한다.

제자 A는 부모의 성화에 못 이겨 서민들은 상상을 초월하는 사교육비를 부담하면서 명문대학 입시에 인생을 걸다시피 하였다. 올 해보다 재수하면 내년에는 더 좋은 대학에 갈 수 있을 것이라는 '도박사의 오류' 에 빠져 삼수 후 원하지 않는 대학에 간 사례다. 물론 '뜨거운 손 오류' 에서 보듯 '신들린 듯' 공부했지만 실패한 제자도 있다. 따라서 자녀를 바라보는 관점은 냉정 할수록 실체를 올바로 읽을 수 있다는 것이 전문가들의 견해이다.

상자 밖에서의 사고

최근 일본 게이오 대학 연구팀은 뇌파를 통해 가상 현실게임 '세컨드 라이프' 의 캐릭터를 움직이는 데 성공했다. 실험 당사자가 마음속으로 내린 명령이 뇌파를 발생 시키고 이를 감지한 컴퓨터 작동으로 캐릭터를 움직인 것이다. 이제는 생각만으로 게임도 하고, 작곡도 하며 글을 쓸 수 있게 되었다. 참으로 생각할수록 즐겁고 신기한 세상이다. 불과 몇 년 전 설마 했던 일들이 오늘날 현실이 되는 것을 보면서 지금 '말도 안 되는 상상' 이 몇 년 후엔 '별것 아닌 일상' 이 되는 세상이 되었다.

또한 평가는 엇갈리고 있지만 황우석 박사(전 서울대 교수)가 세계 최초로 애완견의 상업 복제에 성공했다고 얼마 전 뉴욕타임스가 보도하였다. 미국 바이오아츠사의 의뢰를 받아 오리온 그룹 회장인 존 스펄링 박사의 애완견 미씨Missy의 세포를 복제해 4마리가 현재 건강하게 자라고 있다고 밝혔다. 이 복제견은 죽은 애완견의 냉동세포를 복제한 것으로 '미라', '친구', '사랑'은 이미 미국에 인도돼 2007년 당일 오후 9시(한국시각) 미국 ABC방송의 생방송 뉴스프로그램 '굿모닝 아메리카'에 출연했다. 지난 10년 간 미국에서 이루지 못했던 미씨Missy 복제를 한국의 수암생명공학 연구소가 해낸 것이다. 인류의 염원인 세계 난치병, 불치병 치료 연구와 환자 맞춤형 배아줄기 세포의 원천기술이 시장에 나올 경우 특허료는 대략 360조원 정도라 한다.

눈을 돌려보자. K팝으로 대변되는 한류문화는 세계의 팬들을 매료시키고 있다. 10월 11일 사우디 수도 리야드의 킹파드 인터내셔널 스타디움에 히잡을 쓴 3만 관중의 함성과 떼창으로 열광의 도가니였다고 한다. 비아랍권 가수가 사우디에서 단독 콘서트를 연 것은 BTS가 최초다.

킹파드 스타디움에는 공연 전날인 10일부터 이미 수 천 명이 모여 들었다고 한다. 인근 아랍권의 바레인, 요르단, 시리아, 쿠웨이트 등에서 팬들이 왔고 우리말의 세계 진출에 일등 공신이다. 단군 이래 이보다 더 글로벌화 된 콘텐츠가 있을까? 한류를 타고 세계로 뻗어나가는 신산업의 규모는 가늠하기 조차 어렵다.

히잡을 쓴 아랍권 인구 150만 명의 요르단 수도 암만은 구약성서에서도 언급되는 고대 도시다. 시내 중심가에 위치한 로마식 원형극장에는 문화공연이 펼쳐지는 역사와 전통이 살아 숨쉬는 곳이다. 이 곳의 대졸 월급은 30만원 정도에 불과하지만 3천-4천원에 커피를 파는 스타벅스가 그 곳 중상류층의 문화공간으로 자리잡고 있다.

스타벅스 문화가 고대 역사 도시인 암만에 뿌리내린 것이다. 우리나라의 스타벅스 코리아는 97년도에 법인 설립 후 지금까지 수 백억원의 로얄티를 가져갔다고 한다. "커피가 아닌 문화를 판다"는 마케팅 컨셉으로 20~30대 젊은이들 문화에 발 빠르게 파고들고 있다. 한국계 미국인 바이올린 신동 사라 장(한국명 장한나)은 바이올린 연주가에서 지휘자로 2022년까지 연주일정이 잡혀있다고 한다. 17세 무렵 3개월쯤 쉬고 싶다고 했더니, 매니지먼트 회사에서 3년 후인 스무 살 때 쉴 수 있도록 석달간 일정을 비워줬다는 일화는 유명하다.

우물 안 구태(舊態)를 탈피해야 한다

우리나라 70~80년대 운동권 출신의 일부와 귀족 노동 운동가들은 시민단체의 탈을 쓰고 몸을 숨기고 있다가 건수만 생기면 고개를 들어 본색을 드러낸다. 삭발을 하네, 삼보 일 배를 하네 그러면서 어느 순간 촛불 행렬의 맨 앞에 서 있다.

과연 순수한 시민운동 차원으로 그러는 걸까? 혹은 경력관리를 위한 과객過客? 의심의 눈길을 지울 수 없다. 자고로 구태舊態다. 국가 경쟁력의 부가가치가 창출되는 가치사슬은 고정관념을 깨는 데 있다. 이제 구각舊殼을 벗고 '상자 밖에서 생각out-of-box thinking' 하며 미래로 나가야 할 것이다.

스톡홀름 증후군과 리마 증후군

스톡홀름 증후군이란? 인질이 범인에게 동조하고 감화되는 비이성적인 심리현상을 말 한다. 이 때 인질범들로부터 포위된 인질들의 심리상태를 분석해 보면 다음과 같은 과정이 있다.

1단계는 불안과 공포, 2단계는 동일시, 3단계는 감정의 전이로 인질상황이 길어지면서 상호 의존감, 밀착감, 유대감이 생긴다고 한다. 학교폭력이 근절되지 않는 이유도 학폭의 리더격인 그룹으로부터 괴롭힘을 당하지만 어느 면에서는 동료학생들로써 이해하게 되고 심지어는 동경하며 일부 학생들은 동화된다. 이러한 비이성적인 심리 상태를 정상상태로 유지하는 길은 운동과 독서가 지름길이다. 이는 여러 임상연구가 증명한다.

학교폭력과 부적응 행동으로 몸살을 앓던 학교가 전교생 운동과 독서의 생활화로 거듭난 사례도 많고, 유명한 민족사관 고등학교처럼 전교생 예체능 교육 강화는 반면교사로 삼아야 할 것이다. 교육 선진국의 명문학교도 대부분 운동과 독서를 중시 여기는 공통점이 있다. 사회현상 중에도 일부 매 맞는 아내, 학대받는 아동들도 이와 비슷한 심리 상태를 나타낸다고 한다.

반대로 '리마 증후군' 이 있다. 리마 증후군Lima Syndrome은 인질범이 자신의 인질에게 정신적으로 동화되어 폭력성이 저하되는 현상을 일컫는 심리현상을 말 한다. 범인들의 세계뿐만 아니라 주변에서 특정이념이나 종교에서 반대를 설파하다, 오히려 동화되는 사례를 볼 수 있다. '호랑이를 잡기 위해 호랑이 굴에 들어 간다' 는 말과 유사하다. 상반된 두 사례에서 자녀교육의 시사점을 얻을 수 있다.

자녀들이 호랑이를 만나도 살아 남는 지혜를 터득할 수도 있고, 반대로 호랑이 밥이 될 수도 있다. 전적으로 자신의 역량과 가치관의 문제다. 그래서 요즘과 같은 스마트 시대에는 생각의 근육을 키워야 한다. 그 근육은 독서에서 자양분을 얻는다.

알파고를 만든 데미스 허사비스 딥 마인드 최고 경영자도 밤에는 어린 두 아들과 함께 책을 읽는다고 한다. 독서가 생각의 근육을 키우는데 최고인 건 사실이지만 마라토너가 Runner' s high!달리면서 느끼는 환희를 경험하듯 독서도 마찬가지다.

최소 6개월은 피눈물 나는 훈련을 해야 Reader's high!읽는 즐거움가 찾아 온다. 하지만 수업시간에 억지로 읽은 책보다 선생님이 흘리듯 던진 농담이 오래 기억에 남듯, 교사의 언행은 아리스토텔레스가 말한 질료質料[2]는 형식을 규정하기 때문에 교사의 질량質量은 결코 가볍지 않다.

2) 질료(質料) : 철학적 관점에서, 형식을 갖춤으로써 비로소 일정한 것으로 되는 재료를 말하며, 아리스토 텔레스는 이를 형상과 함께 존재의 근본 원리라고 생각하였다.

어글리 베이비 증후군

남의 눈에는 별로인데, 그의 엄마는 대단히 예쁘고 잘 생겼다고 높이 평가 한다. 이와 같이 생각하는 현상을 '어글리 베이비 증후군Ugly baby syndrome' 이라 한다. A군의 부모는 돈이 많다 보니 유치원부터 선행학습한 착시현상을 착각하고 있었다.

두뇌 발달에 좋다는 유아용품부터 먹거리에 이르기까지 서민으로는 상상도 못 할 정도로 돈의 씀씀이가 가히 광狂적이다. 선행학습 교사들은 상업적으로 부추켰고, 두뇌발달 교재가 수 백만원을 넘어도 아이들을 위해서 돈을 아까워하지 않았다. 그들의 상술이 그럴 듯 해 보이기까지 했다. 그의 판타지는 초등학교 4학년이 되면서 서서히 깨어지기 시작했다.

초등학교 교육과정을 살펴보면, 3학년까지의 실력은 엄마의 도움으로 어느 정도 부모님을 만족시킬 수 있는 수준이 된다. 하지만 4학년부터는 교육과정이 부모의 도움만으로는 달성하기 힘들게 구성되어 있다. 이렇다 보니 자녀들은 학습에 대한 흥미가 없어지고 흥미가 없다 보니 수업태도 또한 좋지 않다.

이 때 교사는 학생의 이러한 학습태도에 질책을 한다. 학생은 학습에 흥미가 없고 흥미가 없다 보니 담임 교사에 대한 호감도가 떨어진다. 악순환의 연속이다. 대부분 학부모는 이렇게 말한다. '3학년까지는 담임선생님을 잘 만나서 공부를 잘 했는데 4학년 담임선생님을 잘못 만나서 아이의 성적도 떨어지고 학습에 흥미를 잃었다' 며 자가 진단한다.

이 때 A 엄마는 B 엄마의 〈마법의 탄환 이론〉[3]에 무릎을 친다. 일명 피하주사 이론이라고도 한다. 대중사회 이론으로 속칭 족집게 과외 같은 개념이다. A 엄마는 아이의 떨어진 성적을 생각하면서 고성능 안테나를 작동시킨다. 과외비는 얼마가 들던 개의치 않는다. 오로지 성적만 오르면 된다. 이럴 때 고액과외 선생님의 솔깃한 말이 들려온다. 혼자만의 판단이 아니다.

부富의 레벨이 비슷하고 학생들 성적 또한 고만고만한 학부모들끼리 몰려다니면서 얻은 정보다. 일 년만 과외를 시키면 족

3) 마법의 탄환이론 : 이 관점에 의하면 매스 미디어의 메시지는 목표물만을 정확하게 맞추어 쓰러 뜨리는 '마법의 탄환' 처럼 수용자 대중에게 직접적이고 즉각적이며 강력한 효과를 갖는다.

집게처럼 수능에 나올 문제를 콕 집어서 가르치는데 SKY 대학은 무난하다고 현혹한다. A 엄마에게는 가브리엘[4] 같은 복음이 아닐 수 없다. 설혹, 명강사 일 수는 있어도 족집게 강사일 수는 없다.

나이브naive한 A 엄마는 자녀 능력을 과대평가 한 나머지 본인도 실망하고 자녀들도 부모님의 성화에 만족스럽지 못 한 학창시절(청소년)을 보낸 경우다. 자녀들의 역량을 과소평가 할 필요는 없지만 그렇다고 과대평가해도 안 된다. 하지만 학부모의 '사고 교정 능력' 부재는 학생진로에 치명적이다. 왜냐하면 잘못 된 진로는 오래 뛰면 뛸수록 손해이기 때문이다. 제 눈에 안경이 듯 고슴도치도 제 새끼는 이쁘다고 한다.

4) 가브리엘 : 성서에서 기쁜 소식만 전해 준다는 하느님의 사람, 영웅, 힘이라는 뜻으로, 유대교와 그리스도교, 이슬람교 등 아브라함 계통의 종교들에서 주로 하느님의 전령(傳令)으로 전해지는 대천사를 말한다.

오만(傲慢)함 지수

오만함 지수란 IBM의 유명 칩 설계자인 로버트 몬토야가 만들어 낸 용어다. 오만함으로 인해 기업이 얻는 피해의 정도를 나타내는 지수를 말한다. 어제까지 세계 일류기업이 하루아침에 도태되는 현실에서 기업의 오만함과 자만심은 내부의 적이 된다. '승리의 기억'에 안주하면 필패할 수 밖에 없다. 시장경제 용어로 쓰였지만 사회학에서 '직위가 없을 때의 전투력' 즉 실력을 일컫는 용어로도 사용된다.

요약하면 〈오만함 지수(A · Q) = 자만심 ÷ 본인의 실력〉이다. 직위에 걸 맞는 실력이 안 되는 사람일수록 정도正道를 걷지 않는 습성과 관성이 있다. 30년 묵은 위스키가 21년 위스키보다 값진 건 더 오랜 시간 묵묵히 성숙했기 때문이다.

공자도 '부끄러움이 있어야 의로움이 생긴다.' 고 말하며 겸손을 인간관계의 덕목으로 교훈하고 있다.

토론토 대학 로트먼 교수에 의하면 사람들은 '유능한 또라이' 보다 '호감 가는 바보' 를 업무 파트너로 선호한다고 한다. 하지만 '방안의 코끼리(모두가 잘못됐다는 사실을 알면서도 그 누구도 얘기하지 않는 현상)' 신세여서는 곤란하다. 그렇다면 자녀교육에서 실력은 어떻게 형성될까? 운동으로 다져진 근육과 잘 먹어서 살찐 근육에 정답이 있다. 실력이 뒷받침 되지 않으면 유통기한이 짧은 '무늬만 신상품' 에 해당한다.

그렇다면 오만함과 자신감은 어떻게 구별되는가? 오만함은 역삼각형이기에 위태롭고, 자신감은 그 반대의 경우다. 암벽 위 소나무처럼 위태롭게 교육시킬 것인가. 아니면 숲속의 소나무처럼 교육시킬 것인가. 이는 전적으로 학부모의 선택이다.

사회는 오만, 교만, 자만, 천태만상의 군상들이 공동체를 이루며 살아가고 있다. 인도의 정신적, 정치적 지도자인 마하트마 간디는 퇴각하는 영국사람들을 향해 '너희의 예수는 두고 가고, 교회는 가져가라' 고 하였다. 멋지지 않은가? 역사적으로 타이타닉의 선장 에드워드 존 스미스가 책무를 실천한 인물이라면 세월호 선장 같은 어둠의 인물도 있다

작은 네트워크 세상

하버드 대학교 스탠리 밀그램 교수의 실험연구다. 그는 네브래스카주 오마하에 사는 시민 한 사람을 무작위로 선정하여 보스턴에 사는 증권 맨에게 편지를 전해 주는 실험을 하였다. 편지를 받은 사람은 아는 사람에서 아는 사람으로 이어져 증권맨까지 도착하는데 5.5명을 거쳐 도달하였다. 아무 상관도 없는 사람이라 할지라도 6사람만 거치면 서로 연관이 있는 사람이라는 의미이다.

이것을 '인간관계 6단계 법칙' 이라하며 이러한 현상을 '작은 세상 효과Small world effect' 라고 한다. 우리나라 인터넷 포털 사이트 '사람인' 이 직장인 751명에 대하여 인맥관리에 대한 설문을 하였더니 47.8%가 인맥관리를 하고 있다고 답하였다. 관리방법은 문자 카톡 주고 받기(61%)가 1위였다. 혈연, 지연, 학연, 종교에 이르기까지 거미줄처럼 연결된 인맥을 경남대 전도근 교수는 〈부를 이루는 인맥관리의 기술〉에서 "위기의 시대에 나를 지켜주는 사람 울타리"라고 하였다. 그리고 인맥관리 10계명을 제시 하였다.

이와 유사한 '던바의 수' 가 있다. 던바(영국의 인류학자)의 법칙이라고도 하는데 아무리 인맥이 넓은 사람이라도 150명까지만 진정으로 사회적 관계를 가질 수 있다는 법칙이다. 그는 호주, 뉴기니, 그린란드 거주 원시 부족의 인원을 자세하게 살펴봤더니, 마을 주민의 수가 평균 153명이라는 결과를 발견했다. 이것을 바탕으로 그는 한 사람이 맺을 수 있는 사회적 관계 인원은 최대 150명이라고 주장하였다.

이와 같은 맥락을 바탕으로 효과적인 전투의 최적인원도 150명, 집단을 관리하는 최적인원도 150명, SNS를 통해 맺을 수 있는 친구도 150명 남짓이라 하였다.

미국의 자동차 판매 왕 조 지라드는 15년 연속 매일 평균 2.4대를 판매하면서 '1대 250의 법칙' 을 고안해 냈다. 그의 설명에 따르면 어떤 모임도 평균 250명의 지인이 모인다는 사실이다. 장례식장 조문객도 평균 250명, 결혼식장 축하객도 신랑 · 신부 각각 평균 250명 정도라는 것이다.

그러니까 한 명이 맺고 있는 인간관계는 평균 250명으로 보았다. 따라서 한 명에게 호감을 얻으면 250명에게 파급될 수 있다. 그리고 그 사람들의 호감을 확보하면 6만2천 5백명, 반대 경우 250명에게 호감을 잃게 되면 6만2천5백 명에게도 나쁜 인상을 주게 된다. 그의 철학은 '한 명의 고객을 250명처럼 대하라' 는 것이다.

사회학자 '숄라 폴' 은 사람이 살아가면서 중요하게 알고 지내는 사람의 숫자가 대략 3천5백 명 정도라 하였다. 그런데 진정한 친구는 3~4명이라고 한다.

하버드대 출신 268명의 삶을 70년 간 추적 조사한 책 〈행복의 조건〉에서 사람의 행복을 좌우하는 조건이 돈과 권력이 아닌 '인간관계' 라고 결론을 내렸다. 우리의 삶을 수평, 수직으로 관통, 교직하는 모든 사회적 소통현상이 연줄에 의해 동맥경화에 걸리고 암종으로 작용한다면 국가적으로 불행한 일이다.

역대 정부의 고위직, 공공기관 및 사회단체장 임용을 보면 '작은 네트워크 세상' 의 역기능이 임계점을 넘었다는 평가다. 그래서 특정인맥 총량제를 신설하여 사회적 항체로 하여금 그들만의 게토Ghetto로 착각하는 일이 없도록 하여야 할 것이다. 왜냐하면 근친교배는 유전적 결함을 증폭시키기 때문이다.

청어구이

청어구이란 논리적 오류를 말 한다. 예를 들면 토끼를 쫓고 있는 사냥개 뒤에서 구운 청어 냄새를 피우면 사냥개는 원래 목표를 잊고 주인에게 돌아온다고 한다. 이와 같이 서로 모순되는 명제命題 즉 정립定立과 반립反立이 동등하게 주장되는 것을 말하며 이율배반과 역설paradox이라는 의미를 갖는다.

진보 교육감의 예를 들면, 평등성 교육과 보편적 복지를 절대선으로 주장하며 뒤로는 혁신학교라는 외피를 씌워 차등 지원하는 것도 논리의 모순이자 자기모순이다. 더구나 초 · 중등학교는 법률이 보장한 국가의 의무교육에서는 더더욱 그렇다. 같은 맥락에서 우리나라 사교육과 학부모들의 오도된 교육열은 세계적이다.

그래서 국가에서는 사이버 교육을 도입하여 학력學歷을 동등하게 인정해 주고 평생학습 사회를 구현하려 도입하였다. 그렇지만 기업과 사회 인식은 아직도 사이버 교육을 정통교육의 염가판 정도로 인식해 온 게 사실이다. 이율배반이다.

이를테면 철수는 연예인이 꿈이다. 그 중에서도 우리나라의 팝 스타가 되려고 한다. 공부보다는 대중예술에 대해 관심이 많다. 하지만 부모님은 결사반대다. 그러면서 부모들은 자녀가 공부하는 옆방에서 팝 스타들의 노래를 크게 듣고 있다.

부모님의 말 따로 행동 따로는 자녀들에게 혼란과 혼동을 겪게 할 뿐이다. 사회 지도층 자녀들은 외고, 자율형 사립고 등에 입학을 시켜 엘리트 교육을 시키면서 뒤로는 평등교육을 주장하며 핏대를 올린다. 이 또한 인격의 이중성이자 인지 부조화로 이는 '청어구이' 사례이다.

사회 지도층의 '연극성 인격장애'의 사례는 부지기수다. 이들을 걸러내는 장치가 언론이고 국민들의 투표권이다. 한데 선거철만 되면 거름장치가 작동이 안 되고 까맣게 잊고 투표장으로 향한다.

특히 학생교육을 책임지는 일부 교육감과 일부 정치인의 사례는 미국이라면 당선은 커녕 인격적으로 패가망신감이다. 나이브한 학부모만 그들의 말에 속는 건지 믿어주는 건지 알다가도 모를 일이다.

파스칼의 도박

우리가 살아가면서 극락이니 천당이니 하는 것은 생명이 있는 동안에 관념 속에만 존재하는 이상향理想鄕이다. 신이 인간을 만들었다고 하지만 그 신을 만든 것은 사람이다. "개똥밭에 굴러도 이승이 좋다"고 한다. 그만큼 살아생전이 좋다는 뜻일 것이다.

그런 의미에서 생로병사生老病死는 누구도 피할 수 없다. 피안을 향하는 수행자도, 천국으로 안내하는 성직자도, 극락행을 비는 스님도 마찬가지다. 이들도 보통 사람처럼 태어나서 늙고 병들어 죽는다. 하지만, 인간에겐 신에 관한 한 두 가지 선택이 있다. 신을 믿느냐, 신을 믿지 않느냐.

그럼 먼저 신을 믿는 경우를 생각해 보자. 평소 신을 믿은 A

가 죽은 후 천국에 가보니 신도 없고, 사후 세계도 없었다. 그렇지만 A는 아무런 손해도 없다. 신을 믿은 B의 경우 죽은 후 천국에 가 보니 신이 있었다. 그러면 사후 세계는 대박이다.

반대의 경우 신을 믿지 않은 경우를 생각해 보자. C의 경우에는 신을 믿지 않았는데 죽은 후 천국에 가보니 신이 있었다. 그렇다면 사후세계는 대단히 불행할 것이다. D의 경우도 신을 믿지 않았는데 천국에 가 보니 신이 없었다. 그래도 D는 별 손해는 없다. 어차피 인간은 신이 존재하는지 여부에 대해 확신할 수 없기 때문에 합리적인 도박사처럼 행동하자는 것이다. 이를 파스칼의 도박이라고 한다.

신을 믿을 때 잃는 것(투자)은 거의 없는 반면 얻을 수 있는 것(이득)은 엄청나기 때문에 신을 믿는 것이 유리하다는 것이 논리의 핵심이다. 신에게 믿음을 걸면 모든 것을 얻지만, 믿지 않았다가는 모든 것을 잃을 수 있기 때문이다. 인간이 살아가면서 죽음의 영속성과 죽으면 무無, 즉 끝이라는 두 관점에서 살펴보자. 삶의 영속성을 믿고 살아가는 삶과 그렇지 않은 삶은 실제 사후 세계에서 사후를 믿고 준비한 삶은 사소한 것일지라도 준비를 한 사람은 그 열매를 거둘 것이다.

하지만 영원성을 부정하고 감각적인 즐거운 삶을 추구한 사람은 삶의 의미를 경시하고 낭비한 것을 깊게 후회 할 것이다. 파스칼은 유명한 '팡세' 에서 신의 유무에 고민하는 사람들에게 이런 말을 남겼다. '신이 있다' 는 쪽에 배팅을 해라. 만일 이긴다면 무한 한 행복을 얻을 수 있지만, 진다해도 잃을 게 없지 않은가. 그러니 주저 말고 신을 믿으라 하였다.

그런가 하면 하인리히 하이네는 말년에 루브르 박물관 앞에 쓰러져 동상을 끌어안으며 '나를 어떻게 해 달라, 더 강력한 신은 없느냐' 고 울부짖었다고 한다. 이 글을 읽는 분들도 신을 믿고 사후 단테의 '신곡' 처럼 지옥을 지나 천국 문 앞에서 어린 시절 첫사랑이었던 베아트리체를 만나는 행운을 기원한다.

9부. 옹달샘

- 네모난 동그라미
- 도덕 감정론
- 보이지 않는 잉크
- 사도(師道)와 사도(邪道)
- 스놉효과
- 아우라(Aura)
- 악마와 다리 건너기
- 왼쪽 숫자 효과
- 워비곤 호수 효과
- 톨레랑스

네모난 동그라미

세모, 네모, 동그라미가 있는 데 세모와 네모는 서로 자기 자랑을 한다. 세모는 뾰족한 자기 머리를 자랑했고, 네모는 넓적한 얼굴을 자랑한다. 동그라미는 자랑할 것이 없어 시무룩한 표정이었을까? 그때 짜잔!! 갑자기 비가 내렸다. 동그라미는 얼른 나무 밑으로 굴러갔고, 구를 수 없는 세모와 네모가 비를 맞고 있는 모습을 보고 동그라미는 얼른 가서 세모와 네모를 머리에 이고 데려다 주었다.

〈네모난 세상의 동그라미〉 동화의 일부분이다. '네모난 동그라미' 는 형용 모순이다. 그러나 우리말의 형용모순은 교육적으로 깊은 뜻이 숨어 있다. 달콤한 슬픔, 소리 없는 아우성, 단독토크, 돈 없는 거지, 쇠로 만든 목탁 등 직역으로는 이해가 잘

되지 않는다. 그러나 음미해 보면 해학적이고 교육적이다.

교육은 다양한 학생과 계층을 대상으로 하다 보니 획일화 시킬 수도 없고 해서도 안 된다. 학부모 및 교원사회 구성원 각자의 철학과 가치관에 따라 다양한 견해를 갖고 있다. 교육정책을 놓고 치열한 논리 경쟁을 추구하는 교집합이 많아 우리나라의 교육은 세계적이다. 원래 공동체는 집단주의 개념이고 자유주의는 개인주의다. 이래서 두 가치는 충돌할 수밖에 없다.

인용의 비약 일수도 있지만 민주주의는 종종 시끄러움을 동반한다. 따라서 교육정책은 네모난 동그라미처럼 복안적複眼的이어야 한다. 교육을 진보와 보수의 이분법으로 나누어 집합명사의 그늘에 안주하는 게 편하거나 대립구도가 명확할수록 재미를 보는 집단과 개인이 있을 수 있다. 일명 '다이어트 콜라 민주주의'를 즐기는 형국이다.

현 정부 고위공직자 자녀의 특목고 · 자사고 현황을 보자. J 서울시 교육감은 자사고 폐지 정책을 추진해 온 대표적인 인물이지만, 두 아들을 모두 외고(장남-명덕외고, 차남-대일외고)보냈고, L 경기도 교육감의 딸은 외고에 입학했다. L 총리를 비롯한 00겸, 00록, 00화, 00미, 00조, 00정, 00채, 00국 장관, 정치인, 교육감 자제도 다 비슷하다.(*국회자료) 박원순 서울시장의 딸이 서울대 미대에서 법대로 전과한 이야기는 유명하다. (*필자는 고위 공직자 자녀들이 현 제도 하에서 어느 학교를 가던 탓 할 의사는 없다. 왜냐하면 이 세상 어느 학부모가 자녀들을 명문학교에 보내고 싶지 않겠는가? 그러나 말과 행동에서 표리부동한 내로남불이면 인격과 인성의 심각한 문제가 아닐까?)

외국의 사례에서도 영국의 블레어 총리는 공교육 개혁과 강화를 약속하고 그러면서 두 아들에겐 남몰래 과외를 시켰다가 들통이나 톡톡히 망신을 당했다. 자신의 영달을 위한 디딤돌로 교육논리를 이용한 교육자적 양심의 거울에 대단한 둔감력과 얼굴 두꺼운 후흑학厚黑學의 소유자들이다. 상반된 '고무줄 교육 진단서'는 교육불신을 초래하고 더 나아가 신뢰사회의 기반을 무너뜨린다. 우리나라 교육전문가라는 교원사회의 진단서가 이렇다 보니 공교육의 신뢰는 추락할 수밖에 없다.

막연할수록 커지는 게 학부모의 불안이다. 이러한 학부모의 불안심리를 가장 잘 읽는 게 사교육이다. 생존의 더듬이가 발달된 사교육은 족집게 과외라든지 맞춤형 개인지도로 학생들을 명문대 진학이나 일약 예체능의 스타로 키우겠다고 학부모를 현혹시킨다. 앞뒤 생각 없이 자녀교육에 올인하는 것이 우리나라 학부모들의 특성이다.

교육계만큼은 우리 사회의 이성과 양식을 되찾을 때다. 교육정책을 이념이 아닌 다양한 가치의 이종교배를 통한 창조교육의 홀씨들의 싹을 키워야 한다. 학연과 지연, 이념의 근친교배는 유전적 결함을 증폭시키기 때문에 교육학적 생물학적 근친교배는 생태계의 금기사항이다. 백척간두에 가부좌를 틀고 앉아있다 보면 정체되고 퇴화되는 것이 세상의 이치다. 우리나라의 건강한 교육생태계를 위해서 '네모난 동그라미 교육' 을 주문해 본다.

도덕 감정론

도덕 철학자 애덤 스미스의 〈도덕 감정론〉에 따르면, '인간의 충동은 이기심도 권력욕도 아닌 칭찬받고 싶어 하는 인정 욕구'라 하였다. 심리학에서도 '칭찬이 질책보다 낫다.' 하였고, '지렁이도 용님'이라 하면 좋아하며, '칭찬은 고래도 춤추게 한다.' 고 하지 않았는가? 하물며 자라나는 청소년에게 칭찬과 격려가 그 어느 교육 방법보다 우선한다. 농작물은 농부의 발자국 소리를 들으며 자라고, 자녀는 부모의 뒷모습을 보고 자란다는 옛말이 있다. 따뜻한 칭찬과 격려는 갓 쪄낸 감자떡처럼 따뜻하다.

몇 년전 모 시민단체의 조사에 의하면 '10억 주면 감옥 가겠습니까?' 라는 설문에 고교생 중 56%, 중학생 37%가 10억 주면 감옥 가겠다고 응답하였다. 청소년들의 가치관이 악성 암종에 걸렸다는 징표다.

자녀들의 말을 경청

〈listen! 5분 경청의 힘〉 저자 버나드 페라리는 "결국 성공하는 사람은 당신이 말할 때 조용히 듣던 사람이다."고 말하며, "제대로 듣는 법을 모르는 사람은 결코 성공할 수 없다."고 하였다. 그러면서 "끼어들고 싶은 충동을 억누르고 단 5분만 침묵을 지켜라"고 말 한다. 비록 미숙한 청소년이라 하더라도 그들의 말을 경청해 주어야 한다. 왜냐하면 '참새도 내장은 다 있다' 는 말에 답이 있다.

미국 최고의 경영 컨설턴트인 그는 20년간 세계 50대 기업 최고 경영자들을 컨설팅하며 찾아낸 비즈니스 경청 노하우를 말 하고 있다.

자녀들의 성공 비결

세상을 살다 보면 자신이 하고자 하는 일마다 매번 성공할 수는 없다. 전문가들에 의하면 목표를 이루기 위해서는 10번 정도의 포기와 도전을 반복한다고 한다. 전문가의 말이니 무게가 가볍지 않다. 청소년의 속성은 좋아하면 열심히 하게 되고, 열심히 하면 잘하게 되며, 잘 하면 주변에서 찾게 되는 것이 세상의 이치다. 연애, 수영, 자전거는 말보다는 부딪쳐 봐야 잘 한다고 한다.

이렇듯 청소년들은 매사에 부딪쳐 봐야 된다. 베이컨도 '희망은 학문의 진보를 위한 경험과 이성의 조화이다' 라 하였다. 물론 이를 위해서 경험에 대한 강조는 그 어떤 학자에 비해서 두드러진다. 그래서 그는 경험론의 창시자로서 '경험은 최대의 학문' 이라 하였다.

모든 일에 열심히 하다 보면 낭중지추囊中之錐 :능력과 재주가 뛰어난 사람은 두각을 나타나게 된다는 뜻의 결과를 얻는 것은 만고의 진리이다. 한데 우리나라 2030 세대는 현 정부의 '아픈 손가락' 이다. 누가 이들을 아프게 하였을까? 시대의 무게를 죄 없는 청년들만 짊어지고 가는 느낌이다. 본인들의 무능인가? 국가 정책의 부재인가?

따라서 청년 취업난에 감정적으로 동의하더라도 해결책은 이성적으로 찾아야 한다. 하지만 자녀들이 산은 넘었는데 평지에서 넘어진 격이면 너무 억울하지 않은가?

보이지 않는 잉크

'보이지 않는 잉크Invisible ink' 란? 교양의 3대 장르인 문학, 음악, 미술과 발레, 오페라, 뮤지컬 등 고전에 대한 이해와 세련된 언어, 테이블 매너 등 눈에 보이지 않지만, 쉽게 익히기도, 보유하기도 어려운 문화적 지식과 취향을 말한다.

이를테면 와인을 따르는 매너, 고전음악, 발레 오페라와 같은 이해력, 골동품처럼 고색 창연한 수집물품에 대한 안목, 그림을 보는 식견, 우아함 등 눈에 보이지는 않지만 은연 중 자신의 고상한 지위를 드러낼 수 있는 지식을 일컫는다. 상류층은 일반인이 쉽게 터득할 수 없는 이러한 지식을 통해 자신의 취향과 지위를 과시하고 또 차별화시키기도 한다.

와인의 예를 들면, 지식과 매너도 품위가 있고, 유명 브랜드를 비싼 가격에라도 구매하고자 하는 행위도 상품이나 지식을 통하여 선망의 대상과 자신을 동일시하려는 경향이 있다.

반면, 전통문화가 퇴보하고 급격한 서구화에서 우리나라의 상류층은 '보이는 잉크' 인 명품名品과 명품 아파트로 자신의 지위를 과시해 왔다. 그렇다면 보이지 않는 잉크에서 왜 하필 '잉크'를 말할까? 잉크는 국가가 발전 할수록 문화가 발전하면서 가장 많이 쓰이는 제품이기 때문에 문화 역량이 커지는 것을 잉크라고 우회적으로 표현하는 것이다.

사회학 · 교육적 관점에서 조명해 보자. 인류가 존재하는 한 상류사회는 일정한 결이라 할 수 있다. 이들의 문화취향이 상류사회의 질을 우아하고 고상하게 하는 사회학적 순기능과 그렇지 못 한 계층에 대하여 역기능이 병존하는 것이 현실이다. 자본주의 사회에서 다양한 계층의 조화와 통합은 국가 에너지의 원천이자 원동력이 된다.

여기에 교육적 접근의 방점이 있어야 할 것이다. 최근에는 '자아 표현 소비' 라 하여 소비자는 자기가 원하는 제품을 구매할 때 기능만 보는 게 아니라 그 제품의 상징성, 관점, 의미, 철학까지 함께 구매한다고 한다. 우리나라 소비문화 패턴의 한 단면이자 관점의 일대 변화다.

이제는 전통문화가 단절되고 부富의 계층이동이 급변했던 지난날이 가고 소득 3만 불 수준에 걸 맞는 정체성을 찾아야 한다.

하지만 때까치가 하루아침에 보라매처럼 행동하는 격이면 곤란하다. '보이지 않는 잉크' 문화 계층은 어느 사회나 있기 마련이다. 지금은 사회를 정화하고 정신적 풍요를 가져오게 하는 종교계와 교육계의 책무성이 그 어느 때보다 중요하다.

한데 기도와 목탁 소리가 소음으로 들리고 교원들의 가치관이 흔들리면 곤란하다. 화장실에 단청을 칠한다고 법당이 안 되는 이치와 같다. 우리 사회 '보이지 않는 잉크' 문화계층의 노블레스 오브리주Noblesse Oblige를 주문해 본다.

사도(師道)와 사도(邪道)

교사의 유형과 임무는 두 가지가 있다. 하나는 선생이고, 또 하나는 스승이다. 지식만 가르치는 일(선생)과 도덕과 윤리를 함께 가르치는 일(스승)이다. 따라서 지智와 덕德을 지식과 함께 사람을 가르치면 그것이 바로 스승이다. 사람을 심고 가꾸는 일, 곧 사랑으로 가르치고 존경으로 배우는 사제간의 사랑을 교육이라 하는데, 교사가 학생을 가르침에 있어서 가장 소중한 것은 학생을 사랑하는 마음이다. 교사의 사랑은 태양 빛과 같이 항상 골고루 비추어야 한다.

편애는 금물이다. 모든 교육활동과 사제간의 인격적 만남은 서로의 눈을 통해서 이루어진다. 그래서 교사의 눈은 항상 따사롭고 밝고, 빛나야 하며, 교사의 눈금은 정교하고, 차원이 높고 깊어야 한다. 교사의 본분은 제자들에게 사람의 도리를 가르쳐 주는 일이고, 그 방법을 몸소 '본보기'가 되는데 그 길이 바로 사도師道다.

한나라의 교육의 질은 그 나라 교사의 질에 달려있다. 따라서 오늘날과 같이 세계화, 정보화 사회에 새로운 지식의 습득을 위해 꾸준한 연구와 연수를 게을리 하지 말아야 하며 인접 학문까지 섭렵하지 않으면 학생을 가르칠 수 없다. 더불어 교사의 윤리의식과 도덕성은 누구보다 뛰어나야 한다.

일반적으로 윤리란 '인간행동의 옳고 그름에 대한 표준규범'을 말하는 것으로 공동체 생활을 하는 사람들이 무엇을 어떤 기준에 의해 행할 것인가에 대한 원리의 체계화 및 준거를 의미한다. 이와 같은 배경을 바탕으로 교직이란 개인의 능력과 자질, 도덕적 품성을 형성하는 자신은 물론, 국가와 사회의 미래에 중대한 영향을 미치는 전문직이며 사회적 자본에 해당한다. 따라서 다른 어떤 직종보다도 높은 도덕성과 표준적 윤리관이 요구된다. 교직 행동의 적절성에 대한 판정은 외적, 강제적, 형식적 통제인 법률적 규정만으로 강제하기에는 한계가 있다. 오히려 내면적, 자발적, 잠재적 규제와 규율이 요구된다. 인간형성이라는 교직의 직무는 정형화되어 있는 것이 아니고 다양하며, 자유재량의 폭이 매우 넓다.

그러므로 교사의 내적, 심리적, 잠재적 동기와 자발적, 능동적 규율이 더 중요하다. 따라서 교직은 교사의 법규 준수 그 자체보다도 교사 행동에 대한 도덕성과 윤리성의 내재적 동기와 자발적 의지가 더욱 중요시되는 것이다.

교육애는 교육을 성립시키기 위한 전제이며 교육의 질을 좌우하는 척도다. 그래서 교육애는 보상을 전제로 하지 않고 종교적인 절대적 차원의 사랑을 바탕으로 하는 아가페와 가깝다. 아가페적 교육애를 실현하려면 교사 자신이 고차적인 것을 사랑하는 에로스적 사랑을 가져야 하고, 학생이 보다 높은 것을 사랑하고, 자발적 학습의욕과 자기 향상의 의지를 불러일으키는 에로스를 깨우치게 해야 한다. 또한 교사와 학생은 평등한 인격으로서 만나고 서로 사랑하는 필리어philia적 우애를 교환해야 한다.

독일의 철학자인 헤겔은“남을 움직이려면 내가 먼저 움직여야 한다. 남을 감격시키려거든 내가 먼저 감격해야 한다. 나의 정성은 학생들의 정성을 불러일으키고 나의 정열도 학생의 정열에 전파된다. 교육은 인격과 인격의 부딪힘이다.”라고 설파하였다. 요즘 일부 교사들 중 사회상규를 벗어난 일탈행동과 가십gossip수준 이상의 문제를 야기하고, 특정이념과 편향된 사상을 숙주宿主로 하여 전술한 사도師道의 영역을 벗어나는 사례가 종종 있다. 그렇다면 그들은 사도師道와 사도邪道 중 어느 길일까?

스놉효과

유통학 용어로서 스놉snob이라는 뜻은 '고상한 체하는 사람', '속물', '잘난 체하는 사람'을 의미하며 주로 차별 욕구가 강한 상류층의 심리상태를 말한다. 통계학적으로 일반 시민의 10% 정도에서 나타나는 현상이다. 이들은 누구나 갖고 싶어 하는 명품이라도 많이 팔리게 되면 사고 싶은 마음이 줄어든다고 한다.

희소가치를 앞세워 공주병 왕자병처럼 주변 사람과의 차별화를 통해서 자신이 세상에서 제일 멋쟁이라고 생각하며, 잘난 체하고 다른 사람을 얕잡아 보는 일종의 속물근성의 군상들이다. 일선 학교 현장에서 경험하는 학부모 중에도 이러한 계층이 일부 있다. 교사는 학부모와의 상담에서 이를 인정하고 상담을 이끌어야 한다. 그렇지 않으면, 교사가 상담을 할 때 가치관의 차이에서 오는 괴리로 상담 자체가 어그러질 수 있다. 이는 교사와 학부모의 상담을 위한 라포[1]가 중요한 이유이기 때문이다.

그런가 하면 "파노플리 효과Panoplie effect"가 있다. 명품이나 사치재를 사게 되면 이 상품을 주로 소비하는 집단이나 계층과 같아진다고 생각하는 심리이다. 예를 들어 명품으로 치장한다든지 럭셔리한 여행이나 주변 친인척의 사회적 지위를 과시하려는 부류들이다. 일종의 허영심, 허상인데 이 또한 일부의 학부모이지만 그들을 이해하고 교육상담에 임해야 한다. 그렇지 않으면 상담의 효과는 반감될 수 있다.

또한 "베블런 효과Veblen effect"가 있다. 상류층은 과시욕과 허영심으로 소비할 때가 있기 때문에 가격이 오르는 물건에 높은 수요가 발생하는 현상이다. 보통 사람들과의 차별화에서 오는 자신만의 고아한 성채를 뽐내고 싶은 심리를 말 한다. 범용경제학에서 말하는 수요 공급의 법칙이 적용되지 않는 계층이다. 신의 피조물 가운데 가장 복잡하다는 여자의 마음, 호킹 박사도 지금까지 가장 이해하기 어려운 게 '여자의 마음'이라고 하였다고 한다.

우리나라의 '무조건 명품' 심리와 화학 반응하는 사회현상

---

1) 라포(rapport) : 사람과 사람사이에 생기는 상호 신뢰관계를 말하는 심리학용어이다. 서로 마음이 통한다든지 어떤 일이라도 터놓고 말할 수 있거나, 말하는 것이 충분히 감정적으로나 이성적으로 이해하는 상호 허용적인 관계를 말 한다.

은 결코 바람직하지 않은 병리다. 하지만 요즘은 학생에 대한 개인 정보수집을 엄격히 제한 한다. 교육적으로 잘 하는 것인지 잘못하는 것인지 전문가들도 의견이 분분하다. 따라서 교사는 전문가다운 멀티 상담자이자 콜드 리딩[2]의 역량이 있어야 할 것 같다.

2) 콜드 리딩(cold reading) : 상대에 대한 아무런 사전 정보가 없는 상태에서 상대의 속마음을 간파해내는 기술을 의미 한다.

아우라(Aura)

우리 삶의 스승인 소크라데스, 예수, 붓다가 내놓은 메시지는 자유와 사랑 그리고 자기 인식과 타인에 대한 존중이 지혜롭게 어우러져 있다. 이러한 민낯 즉 사람에게 풍겨지는 '아우라[3]' 는 단기간에 형성 되는 것이 아니다. 아우라가 좋다는 의미는 내적 성숙을 통해 외적으로 표현된 것이라 할 수 있다.

이를 아리스토 텔레스는 '에토스Ethos · 균형 잡힌 성격과 신뢰감', '파토스Pathos · 정서적인 호소와 공감능력', '로고스Logos · 논리성' 의 균형이라 하였다. 이렇다 보니 사람마다 내적 성숙도에 따라 아우라가 풍기는 느낌은 천차만별이다.

---

3) 아우라 : 독일의 철학가 발터 벤야민의 예술이론에서 나온 말로 예술작품에서 흉내낼 수 없는 고고한 분위기를 이르는 말이다. 즉 남이 흉내낼 수 없는 고고한 분위기를 이르는 말.

그런 의미에서 사회 지도층과 교원은 청소년의 우상이자 롤 모델이다. 그러기에 이들의 언행은 신중해야 한다. 하지만 일부에 '다중 인격장애'를 앓는 듯하다. 교육을 빙자하여 참칭僭稱[4]하는 사견邪見[5]은 교육자의 자세도 아니고 교육적이지도 않다. 일부 교육감들에게서 평등과 복지를 '알라' 신으로 섬기는 탈레반의 민낯을 보는 것 같다.

예산권과 인사권을 무기로 사회상규와 보편적 가치에 반하는 일탈된 교육행정을 일삼는다. 고위 공직자의 거짓말은 민초들에게 무력감을 주고, 양심의 기준을 저잣거리 수준으로 끌어 내린다. 그 뿐만 아니라 거짓말은 주변 사람에게 '감정의 얼룩'을 짙게 남긴다.

축구선수 출신이자 소설가인 알베르트 까뮈는 '거짓은 아름다운 노을처럼 모든 것을 멋지게 보인다.' 고 하였다. 학부모들이 교육감에 대한 사전 지식이 없는 상태에서 비교육적인 행태의 결과는 모두 학생들에게 돌아온다.

어느 진보학자의 진심어린 양심 고백을 들어 보자. '나는 한 시민으로 낙제점이다. 이웃과 공존하는 대신 내 고집과 집념만 앞세우며 살았다. 성공과 출세의 논리, 내 진영의 이해관계에 매몰된 채 살았다.' 며 뒤늦은 고해성사를 하였다.

---

4) 참칭(僭稱) : 분수에 맞지 않게 스스로 황제나 왕이라고 일컫는 말로 스스로를 자신의 민낯보다 황제처럼 군림하는 군상들을 말한다.
5) 사견(邪見) : '오견' 또는 '칠견'의 하나. 선악, 인과의 도리를 무시하는 옳지 못한 견해

사회는 순한 양만 있는 것이 아니라 양의 탈을 쓴 사람도 있고 악마의 속삭임도 있다. 숙명적으로 이들과 공생해야 한다. 그들과의 치열한 아규멘테이션[6]을 위해서는 나만의 아우라를 갖는 게 중요하다. 그것이 개인의 정체성이고 개인의 역량이기 때문이다. 아인슈타인은 "내가 아주 똑똑해서가 아니라 단지 문제들을 더 오래 붙들고 있기 때문이다."고 말하였다.

〈아웃 라이어〉의 저자 말콤 그래드웰도 '1만 시간의 법칙'을 설명하면서 특정 분야에서 이른바 전문가의 경지에 오르기 위해선 적어도 1만 시간 이상은 투자해야 한다는 법칙을 일컫는 말이다. 빌 게이츠, 비틀스, 모차르트 등 시대를 대표하는 천재들(아웃라이어)의 공통점은 타고난 천재성보다는 여건과 노력이 성공의 비결이라고 했다. 1만 시간은 대략 하루 3시간, 일주일에 20시간씩 10년간 연습한 것과 같다.

6) 아규멘테이션(Argumentation) : 설득하고 설득 당하는 사회의 논쟁법

악마와 다리 건너기

그리스 속담의 '악마와 다리 건너기' 이다. 다리 한 쪽은 절망과 불행의 땅이고 다리를 건너가면 희망과 행복의 땅이다. 그런데 다리를 건너기 위해서는 악마와 손을 잡아야 하고 우리 편만 건너려고 하면 다리가 무너지게 되어 있다는 내용이다. 해방 후 이승만 대통령의 "국민 여러분! 뭉치면 살고, 흩어지면 죽는다."는 어록을 떠올리게 한다. '탱고를 추기 위해서는 둘이 필요하다' 는 서양 속담처럼 이분법 즉 이항대립이 아닌 공동체 정신이다.

음유시인 김민기의 '작은 연못' 은 다음과 같이 노래하였다. "어느 맑은 여름날 연못 속에 붕어 두 마리 서로 싸우다 한 마리가 물 위에 떠오르고 여린 살이 썩어 들어가 물도 따라 썩어

들어가 연못 속에 선 아무 것도 살수 없게 되었죠."

라이벌(*rival · 같은 분야에서 또는 같은 목적을 위해 서로 경쟁하는 사람)은 라틴어 리발리스rivalis인데, 그 뜻은 '다른 사람과 같은 하천을 사용하는 사람' 이라고 한다. 공생관계다. 악어와 악어새 같이 동물들도 서로 공생하며 살아가는 법을 알고 있다.

브라질에 서식하는 큰 개미핥기와 흰 개미는 공진화(共進化) 관계다. 개미집을 1/3만 파괴하고, 1/3만 잡아 먹는다고 한다. '너 죽고 나 살자' 가 아니라 '너도 죽고 나도 죽을 수 있다' 그러니 사이좋게 오순도순 공생하자는 의미일 것이다. "어둠이 깊을수록 새벽이 가깝다"는 말이 있듯 희망의 전조가 여러 곳에서 감지되고 있다.

헤겔이 말한 정 · 반합[7]의 토론교육은 공동체를 위한 학생들의 진로에 나침반 역할을 톡톡히 할 것이다. 더 나아가 〈슬로우 싱킹〉의 저자 칼오너리는 '서두름 바이러스' 를 탓하며 '느린 것이 아름답다' 고 말 한다. '슬로우 무므먼트Slow Movement' 는 달팽이처럼 살자는 게 아니라 모든 일을 느리던 빠르던 상관없이 자신에게 걸 맞는 속도로 살라는 금언이다. 선과 악의 이항 대립을 정正, 반反, 합合의 정신처럼 가위, 바위, 보 문화로 바꾸어야 함은 시대정신이자 교육의 나아갈 방향이다.

---

7) 정반합(正反合)은 철학용어로 논리의 전개 방식의 하나이다. 기본적인 구도는 정(These · 논리를 전개하기 위한 최초의 명제)이 그것과 반대되는 반(안티테제)과의 갈등을 통해 정과 반이 모두 배제되고 합(진테제)으로 초월한다는 것이다.

왼쪽 숫자 효과

사람들이 숫자를 왼쪽에서 오른쪽으로 읽기 때문에 나타나는 현상이다. 보통 사람들은 왼쪽 숫자에 집중하므로 물건을 살 때 왼쪽 숫자가 낮으면 가격 차이가 거의 없음에도 가격이 싸다고 생각하는 심리상태를 말한다. 이를 행동경제학에서 '왼쪽 숫자 효과'라고 한다.

한 연구에서 참가자들에게 값이 다른 두 개의 볼펜 중 하나를 선택하게 하였다. 하나는 2달러이고 다른 하나는 3.99달러였는데 44%의 참가자가 비싼 볼펜을 선택했다. 그런데 가격을 각각 1.99달러와 4달러로 바꾸니 비싼 볼펜을 선택한 사람이 18%로 확 줄었다. 1.99달러가 2달러에 비해 단지 0.01달러(1센트)쌀 뿐인데도 사람들은 훨씬 싸게 느끼기 때문이다. 사람들은 가격표의 왼쪽 숫자에 비이성적으로 주목한다. 이를테면 1.99의 맨 왼쪽 숫자가 1이고, 이것이 2보다 낮다는 점을 사람들은 주목한다.

사례를 하나 더 들어 보면, 20,000원과 19,900원의 100원 차이인데도 1만원대 상품과 2만원대 상품이라는 점에서 19,900원짜리 상품이 매우 저렴하다고 생각되어 이를 선택한다는 것이다. 사실 요즘 100원 가지고 할 수 있는 것이 별로 없지만 그런데도 만 원 짜리 두 장을 내고 거스름 돈을 받느냐 안 받느냐의 차이가 소비자들에게 크게 느껴지는 것이다. 실제로 미국의 심리학자인 케네스 매닝과 데이비드 스프로트가 이 전략이 통하는 가에 대해 2009년 실험을 했는데 여전히 유효한 심리효과라 한다.

뛰는 놈 위에 나는 놈이 있고, 나는 놈 위에 붙어가는 놈이 있다는 말이 있다. 거대기업이 훨훨 날아서 소비자 심리를 이용하여 부를 축적하고 있다. 따라서 우리는 이성적으로 생각하는 소비자가 되어야 한다. 그 훨훨 나는 그들의 거대한 몸집에 찰싹 달라붙어 (먹잇감으로 소멸되는 것이 아닌) 우리가 원하는 목적지에 살포시 도착하는 지혜를 배울 수 있어야 할 것이다.

즉 깨어 있어야 한다. 그러기 위해서 초중고 학생들의 발달 단계에 맞는 행동경제학 책 읽기를 주문해 본다.

워비곤 호수 효과

워비곤 호수 효과Lake Wobegon Effect란? 스스로 자신을 평균보다 '잘 낫다' 고 믿는 일반적인 오류를 말 한다. 미국의 작가 개리슨 케일러가 1970년대 진행했던 라디오 쇼는 '워비곤 호수' 라는 가상의 마을을 무대로 진행한 프로그램이었다. 이 마을에 사는 사람들은 거의 완벽에 가깝다. 남자들은 하나같이 미남이고, 여자들은 미인이며, 아이들은 똑똑하다. 모든 사람이 근거 없는 자신감으로 스스로를 평균 이상이라 믿고 있는 이 마을은, 어느 풍자 작가가 쓴 소설에 등장하는 가상의 마을이다.

심리학자 톰 길로비치는 이 마을 이름을 따서 '워비곤 호수 효과' 라 하였다. 이는 자신을 과대평가하는 사람의 심리를 말한다. 시쳇말로 공주병, 왕자 병이나 잘난 체, 아는 체, 있는(가진) 체 등을 말 한다. 보통 사람들은 '난 잘났어!' '내가 하면 더 잘할 텐데!' '내가 저 사람보다야 낫지!' 등 .... 이렇게 믿고 싶어 한다.

사람은 누구나 자기자신에 대해 과소평가하기를 원하지 않는다. 사실, 자기자신을 냉철하고 정확하게 평가하는 건 불가능할 수도 있다. 자신의 한계를 정확하게 재는 능력을 우리는 흔히 '자기 객관화 능력' 이라고 한다. 그러나 자신을 너무 높이게 되면 자기 과신을 불러올 수 있다. 그 과신은 교만, 탐욕, 허영, 허세 등의 과욕으로 인하여 주변 사람의 눈쌀을 찌푸리게 한다.

이와 같이 '워비곤 호수 효과' 에 빠지지 않기 위해서는 긍정적인 마음가짐과 자신감을 갖되, 겸손한 자세를 잃지 않는 것이 중요하다. 시골 초등학교 6학년에 담임했던 제자 A는 영재성 있는 아주 영특한 학생이였다. 수학문제 풀이도 중학교 수준의 함수와 인수분해 개념으로 이해하고, 독서광이라 할 정도로 독서량이 많아 별명이 백과사전이었다. 이러한 실력과 독서력이 뒷받침 되어 과학고등학교와 KIST를 졸업하였다.

하지만 반장선거에서는 번번히 고배를 들었다. 담임으로서 급우들에게 왜 반장에 떨어졌는가 물어 보았다. 이유인 즉 너무 잘난 체하여 친구들이 싫어 한다는 의외의 대답을 들었다. B시에서 5학년에 담임한 B양도 비슷한 사례다.

매사 모범적으로 기억되는 여학생이었다. 초등학생들도 어리지만 또래집단에서 공부 잘하고 똑똑한 것은 인정하면서도 잘난 체하는 교만한 마음에 호감도가 없기는 어른 세계와 별반 다르지 않았다.

미국의 유명한 컨설턴트 짐 콜린스는 미국의 500대 기업 중에서 좋은 기업을 뛰어 넘어 위대한 기업은 11개에 불과하다고 하였다. 그리고 그들의(11명의 CEO) 공통점은 겸손하고, 대중 앞에 떠벌리기를 싫어하며, 자기 자랑을 늘어놓지 않았다고 한다. 콜린스는 이를 "감탄을 자아내는 겸손"이라고 명명하였다. 언론에 회자되는 J, Y. K 등 유명인사들이 듣고 꼭 실천하였으면 하는 바람이다.

톨레랑스

톨레랑스Tolerance는 관용의 정신을 말한다. 자신과는 다른 타인과의 차이를 자연스레 인정하면 그 차이에 대해서 너그러운 마음을 가지는 것을 말 한다. 정치, 종교, 도덕, 학문, 사상, 양심 등의 영역에서 의견이 다를 때 논쟁은 하되 물리적 폭력에 호소하지는 말아야 한다는 이념이다. 우리나라의 사회갈등이 OECD 국가 중 2위라는 불명예를 안고 있다.(*1위는 종교 분쟁을 겪는 터키)

갈등은 곧 사회적 비용이다. 국책사업을 둘러싼 갈등이든, 세대 간 갈등이든 혹은 계층, 이념, 노사 간 갈등이든 모든 사회적 갈등은 곧 경제적 손실로 나타나게 된다. 얼마 전 모 전직 장관 사태로 촉발된 사회적 갈등 비용도 추산하면 천문학적이라는 것이 전문가들의 공통된 견해다. 우리나라의 사회적 갈등 비용을 돈으로 환산하면 연간 최소 82조원 최대 246조원으로 추산하고 있다.(삼성경제연구소) 더욱 심각한 것은 르상티망Ressen-timent · 약자의 강자에 대한 복수심과 함께 순방향의 이견이 아닌 역방향의 대립이기 때문에 더 심각하다.

갈등의 배경요인은 무엇일까?

전문가들은 압축성장에 따른 성장통, 정치적 요인, 국민의 민주적 역량 부재 등에서 찾고 있다. 우리나라는 해방과 더불어 6.25 사변 후 53년 휴전 당시 세계 최빈국에서 오늘날 경제대국으로 우뚝 섰다.(세계 경제규모 11위) 그 결과 사회갈등의 심화라는 그늘도 있다. 국민의식(신념체계) 전반에 이기적 양면가치병존은 어느 시대나 있기 마련이다. 그것이 인간의 내면이고 민낯이다.

백화쟁명百花爭鳴식 원인 중 우리나라는 '어글리 베이비 증후군(*남의 눈에는 별로이나 엄마가 자기 자식을 높이 평가 하는 것)같은 심리적 약점이 심하다. 이는 자존감이라는 긍정요인보다 유아독존적 인간성이 길러지기 십상이다. 또한 "참새도 내장은 다 있다"라는 말이 시사하듯 사람은 누구나 감정이 있다. 자기감정의 컨트롤에 문제가 있는 '간헐성 폭발성 장애' 의 시민이 의외로 많다고 한다.

이러한 표준 위험요인 이외 지역 간 대립으로 '성공의 줄기세포' 를 발전 시키지 못 하고 있다. 따라서 그들에게 얼마 전 사극(정도전)에 '듣고, 참고, 품다' 라는 민주적 덕목이 요구 된다. 이제는 미래를 위한 새로운 가치와 거버넌스 구조를 찾아내야 한다.

볼테르는 "나는 당신의 말에 동의하지 않는다. 하지만 당신이 그런 말을 할 권리를 위해 목숨 걸고 싸우겠다."는 명언을 남겼다. 한국사회의 특성 중 하나가 '다중인격장애' 현상이다. 이들은 거짓말을 일삼고 종국에는 본인조차 거짓과 진실을 헷갈리게 하는 병리현상이다. "남을 속이려면 자신부터 속여야 한다."는 말이 시사하듯 겉포장은 당의정이 입혀져서 일반 시민들의 올바른 판단을 그릇치게 한다. 더불어 그들의 페인트 모션은 기교技巧라서 아무나 흉내 낼 수도 없다.

언론에 회자되는 전직 장관을 비롯한 0모 재단 이사장, K, J 등 1인 방송 진행자 등은 확신편향으로 상식과 합리성이 실종된 사람들이다.(*독자들의 가치 판단과 상이할 수 있음을 밝힌다) 사회발전은 공익 총량이 정당성을 갖는 공적 결정의 일관성, 엄중성, 합리성이 전제되는 '이익 형량의 원칙' 이 자리 잡을 때 성공할 수 있다. 그런 의미에서 다가오는 21세기에는 '불일치의 일치 Agree to disagree' 를 주문해 본다.

Educati

10부. 하얀생각

감정의 균형이론

“

감정의 밸런스를 말한다. 우리는 다른 사람이 자신을 좋아하거나 존경한다는 생각이 들면, 그 감정에 보답하겠다는 마음을 자연스럽게 갖게 된다. 이를 '감정의 균형 이론' 이라 한다.(프리츠 하이더) 보통 사람들은 사회생활에서 심리적이던 물질적이던 등가적 관계로 주고받기를 원한다. 시쳇말로 give and take의 감정을 갖고 있다. 아니 그런 문화가 인간의 기본적 욕구이며 민낯이다.

또한 원푸드 다이어트가 영양 불균형으로 몸을 탈진시키듯, 분노, 슬픔에 집착하는 감정 불균형은 평정심을 소진시킨다. 파괴적 에너지도 발산한다. '감정의 균형' 이론의 사례를 살펴보자.

우리나라 학부모들의 교육열은 세계적이다. 이렇다 보니 자녀에 대한 기대치가 높을수록 보상에 대한 기대치도 같이 올라가게 된다. 보상의 종류는 심리적(정신적)일수도 있고 물질적일 수도 있다. 이러한 부모들은 내가 "너를 어떻게 키웠는데?"하며 겉으로는 아니라고 하지만 은연 중 자녀들로부터 보상 받기를 원한다.

이렇게 자녀들에 대한 기대치가 부모가 쏟은 정성에 비해 만족스럽지 못 할 때 감정의 균형추가 흔들리게 된다. 또한 자녀에게 "건강하게 학교생할 잘 하고, 친구들과 잘 어울리면 된다."고 말한다. 하지만 실제 자녀의 성적이 좋지 않아 기대에 못미치면 부모는 실망하게 된다.

이는 지극히 보통사람들의 평범한 심리상태다. 그렇지만 부모로서 기분이야 썩 내키지 않겠지만 평정심을 잃지 않아야 한다. 왜냐하면 감정의 발런스가 흔들려 감정 섞인 언행이 튀어나오면 학부모나 당사자인 학생 모두 상처를 받는다. 한데 우리나라 학부모들은 자녀 교육문제에서 만큼은 확신을 과대 지각하는 경향이 있다. 이를테면 '심리적 희망사항'을 '객관적 사실'로 착각을 한다.

학부모는 "내가 그럴 줄 알았다", "하라는 공부는 안 하고 쯔쯔쯧 ~ ~" 등의 말은 '사후 예견 편향'이라고 한다. 이 같은 심리 상태는 넓은 의미에서 감정이 균형을 잃어, 바라보는 프리즘이 굴절된 탓이다. 이렇게 엇 박자가 쌓이면 감정의 균형판이 부러져 제 기능을 못 하게 된다.

이 때 사교육 전문가들의 상술은 학부모들을 현혹하기에 충분한 논리와 실증적 경험을 갖고 있다. 학원들은 “큰 일 났다”며 ‘공포 마케팅’을 편다. 학부모들의 명문대 입학에 대한 갈망을 족집게 과외, 맞춤형 지도 등 온갖 좋은 말을 갖다 붙이며 명강사라고 자부하며 학부모의 주머니를 노린다.

실생활에서도 예언가, 점쟁이, 각종 평론가, 주식 전문가 등 결과론적 해석을 마치 자기가 예견이나 한 듯 그럴듯한 설명을 갖다 붙인다.아카데미즘을 자랑하는 사이비 전문가들도 ‘사후 예견 편향’이 심한 직군이다. 달콤한 주스가 ‘무가당’을 강조하듯 오지 않을 희망을 피력하거나 순수한 감정의 신경을 긁어대면 석불石佛도 성을 낼 수밖에 없다.

동양고전에 보면 상을 줄 수도 안 줄 수도 있을 때 상을 주는 것은 지나치게 인자하고, 벌을 줄 수도 안 줄 수도 있을 때 벌을 주는 것은 지나치게 정의롭다. 군자는 인자함은 지나쳐도 되지만 정의로움이 지나쳐서는 안 된다고 하였다. 이는 학부모들에게 들려주는 교훈이다.

과잉정당화와 내·외적 동기

"

우리나라 학부모들은 국적은 바꾸어도 학적은 못 바꾼다며 만인이 명문학교를 선호한다. 현아의 어머니도 예외는 아니다. 그런데 중학교 내내 상위권 성적을 유지하던 현아가 고등학교에 진학한 후 첫 번째 중간고사에서 낮은 석차가 찍힌 성적표를 들고 왔다. 유명한 고등학교에는 정말 날고 기는 아이들이 모인다는데 학원 하나 다니지 않는 현아가 학업을 잘 따라갈 수 있을지 걱정이 되어 어머니는 마음이 답답하다.

그렇게 자신은 밤낮으로 잠을 설쳐가며 고민인데 정작 현아는 고등학교 생활이 재미있는지 심각한 표정의 어머니 앞에서도 연신 싱글벙글이다. 현아 어머니는 그 모습이 썩 보기 좋지 않다. "이번 기말고사에서 10등 안에 들면 엄마가 콘서트 보내

줄게."당근과 채찍을 사용할 요량으로 며칠 전부터 노래를 부르던 아이돌 가수의 콘서트에 보내준다고 제안을 하자 눈이 휘둥그레진 현아가 고개를 끄덕인다.

한 달 뒤 기말고사에서 현아는 10등 안에 들었다. 만족한 현아 어머니는 그 뒤에도 비슷한 전략을 계속 사용한다. 이번엔 수행평가 만 점을 받으면 운동화를 사 준다, 모의고사 2등급이 되면 친구들과 여행 가는 걸 허락해 주기로 했다. 그런데 이상하다. 현아의 성적은 점점 떨어지고 만다. 초반의 엄마의 제안에 초롱초롱했던 눈빛은 어디 가고, 이제 엄마의 말에 시큰둥하게 고개만 끄덕거리는 것이다. 이는 강화학습의 한계다.

여간 걱정이 되는 게 아니라며 지푸라기라도 잡는 심정으로 필자에게 찾아온 학부모를 내보내고 현아에게 물었다. "요즘 공부가 재미없지?" 개인적으로 물으니 현아가 이내 고개를 끄덕인다. "억지로 하는 기분이에요." 현아의 끄덕임 뒤로 따라오는 말은 '과잉 정당화 효과' 가 이끌어내는 결과를 보여준다.

사람이 하는 일은 스스로의 욕구에 의하여 하는 경우와 외부에서 주어지는 자극 즉 보상이나 처벌에 의하여 하는 경우로 나뉜다. 전자를 내적 동기, 후자를 외적 동기라고 한다. 내적 동기로 인하여 하고 있던 행동에 보상이 끼어들면 개인은 자신의 행동에 대한 이유를 외적 동기에 의해서라고 인지하게 되고 자연히 내적 동기가 약화되어 행동에 대한 흥미를 저하시킨다.

이를 '과잉정당화 효과' 라고 부른다. 공부에 대한 흥미가 충분히 있었던 현아는 중학교 당시 성적이 좋았는데 고등학교에 진학 후에는 이 즐거웠던 공부를 콘서트라는 보상을 위해 하게 된다. 그토록 가고 싶었던 콘서트 티켓을 위해 공부하였고 결국 성과도 좋았으나 이제 공부에 대한 흥미가 떨어진다. 왜냐? 자신이 재미있고 하고 싶어서 한 것이 아니라 콘서트 티켓을 얻기 위해서, 비약하자면 강제적으로 공부하게 되었기 때문이다.

특히 교육에서 '과잉정당화' 에 대한 이해는 중요하다. 보통 이러한 과잉정당화 효과는 과정을 중시하지 않고 그 결과만을 중시할 때 더욱 크게 일어난다. 현아가 어떻게 공부했고 어떤 노력을 하였는지에 대한 이해 없이 단순히 10등 안에 든다는 조건을 만족시켰기 때문에 보상을 한다면 현아는 공부에 대한 흥미를 잃어버릴 수밖에 없다.

배움의 과정에서 가장 중요한 것은 개인이 얻는 성취감이다. 또한 바람직한 동기 부여는 '해야만 한다' 를 강조하는 것이 아닌 '하고 싶지 않아?' 라는 욕구를 불러일으키는 것이다. 이 글을 읽고 있는 독자들의 자녀교육 유형은 외적 동기 유형일까? 내적 동기를 유발하는 유형일까? 이와 같이 과잉 정당화 효과는 외부에서 귀인되는 많은 요인들로 인하여 내적요인의 효과가 감소하는 것을 말한다. 강화학습의 한계로 현아 어머니에게 들려주는 과잉정당화의 교훈이다.

동굴의 우상(idol)

❝

영국의 철학자이자 귀납법 추론 방법의 창시자인 프랜시스 베이컨이 '동굴에 갇힌 인간은 동굴 속에 켜진 촛불로 인해 벽에 비춰지는 그림자 즉 실재 세계의 가상을 진리로 여긴다.' 하였다. 이렇게 동굴에 묶인 사람들은 본인이 받아들이고 싶은 것만 받아들인다. 이와 같은 심리를 '동굴의 우상' 이라고 한다.

동굴의 우상은 빨간약[1] 섭취 즉 타인의 지각이나 경험과 비교함으로써 정정될 수 있지만, 파란 약처럼 사람의 편견은 그리 쉽게 바뀌지 않는다고 하였다. 그는 자연에 관하여 올바른 지식을 얻을 때 오류를 범하게 하는 원인으로서 4개의 우상을 말

1) 영화 〈매트릭스〉에서 빨간 약을 선택한 사람들만 각성하고 파란 약을 선택한 사람들은 세뇌당해 문제의식을 느끼지 못하는 것을 빗대어 기존의 질서와 다른 선택을 하는 행위를 할 때 사용 된다

하고 있다. 4개의 영역을 약술하면,

첫째, 종족의 우상 : 자연 성질에 의한 우상으로 우리 인간의 입장에서만 자연이나 세상을 보게 됨으로써 오는 편견을 말한다.

둘째, 동굴의 우상 : 개인 경험에 의한 우상으로 자기의 경험에 비추어 세상을 판단하려는 개인적 편견을 말한다.

셋째, 시장의 우상 : 전문傳聞에 의한 우상으로 직접적인 관찰이나 경험 없이 다른 사람 말만 듣고 그럴 것이라고 착각하는 편견이다.

넷째, 극장의 우상 : 권위에 의한 우상으로 자신의 소신 없이 권위나 전통을 아무런 비판 없이 받아들이는 맹신에서 생기는 편견을 말한다.

환언하면 평생을 어두운 동굴 속에서 지내던 사람이 갑자기 밝은 동굴 밖으로 나오게 되었을 때 가질 수밖에 없는 잘못된 판단이나 사고를 말하는 것이다. 이 같은 사고 체계는 각각 개인의 자질이나 생애에 있어서 교육, 습관, 경험, 환경 등에 의해서 각 개인들은 판단이나 사고의 차이가 날 수밖에 없다.

주변에 이념 사이비 종교 추론자들은 '동굴의 우상' 에서 벗어나기 힘든 사람들이다. 왜냐하면 공감력 부재와 '동굴의 우상' 에 대한 역기능이 어느 집단 보다 강고하기 때문이다.

학생 교육을 살펴보면, 신념체계, 의식구조, 가치관, 인성 등은 사실 우리 주변에서 흔히 삼 · 사촌쯤 되는 비슷한 말로 혼용하고 있다. 가령 유치원생이 달리기를 할 때 방향이 틀리면 올바로 고쳐 달리기가 쉽다. 하지만 초등학생, 중고등학생, 대학생 성인 즉 상위 학년으로 올라갈수록 틀린 방향은 더 멀어질 수밖에 없다.

'동굴의 우상' 에 대해 편견이나 오류적 신념이 유치원생보다 위 학년으로 올라갈수록 고치기가 더 어려워진다. 따라서 유치원부터 건전한 인성 가치관 형성이 매우 중요하다. 세상사 절대 진리가 되기 위해서는 진리의 함의가 합리성, 객관성, 타당성을 만족시킬 때 비로소 진리가 된다. 쉽게 말해서 모호성(*한계가 분명치 않은 것으로 예를 들면 나는 잘 낫다. 나는 부자다 등)과 애매성(*한 문제에 답이 여러 개 이상 나오는 경우), 타당성을 다 만족 시켜야 한다. 그렇지 않으면 빨간 셀로판지로 세상을 바라보면서 '세상은 온통 빨갛다.' 라고 우기는 사람과 같다.

이 같은 우상idol에 포박되지 않기 위해서는 학생들에게 어떠한 환경과 교육이 요구될까?

첫째, 발달 단계에 맞는 다양한 장르의 독서가 기본이다

둘째, 역지사지와 공감능력을 배워야 한다.

셋째, 토론과 논쟁을 생활화해야 한다.

넷째, 봉사활동을 생활화 한다. 그래야 자신에게는 만족감을 주고 타인에 대한 이해심이 고양 된다.

다섯째, 견문을 넓히기 위해 답사와 여행을 많이 시켜야 한다.

요즘 언론에 회자되는 몇 몇 사람들은 그들의 사회적 명성이나 위치로 미뤄 볼 때 그들의 정신세계와 보통 시민들의 정신세계를 비교해 보면 '동굴의 우상'에 대한 명료한 해석을 접할 수 있다.(*독자들의 이해를 돕기 위해 실명을 표기하려 하였으나 바라보는 관점이 상이할 수 있어 일반론으로 기술하였음을 밝힌다)

망각곡선

“

독일의 심리학자 헤르만 예빙하우스의 ‘망각곡선’ 이론에 의하면 인간은 학습 후 10분 후부터 망각이 시작되며, 1시간 뒤에는 50%, 하루 뒤에는 70%, 한 달 뒤에는 80%를 망각하게 된다고 하였다. 예빙하우스의 망각 주기를 이용한 마인드 맵의 창시자 토니 부잔의 구체적인 복습 주기에 따르면 다음과 같다.

최초의 복습은 1시간 학습 후 10분 후에 10분 동안,(일주일 동안 기억된다.) 두 번째는 24시간 후 2~4분 동안의 복습은 1주일간 기억된다. 세 번째 복습은 두 번 째 복습 후 일주일 뒤에 2분 동안의 복습은 한 달 동안 기억된다. 네 번째 복습은 세 번째 복습 후 한 달 뒤에 복습하면 6개월 이상 기억되는 장기 기억 상태가 된다고 하였다. 그러면서 그는 외울 내용을 자투리 시간에 보기를 권하였고, 정독과 자신의 암기 주기를 아는 것이 중요하다고 하였다.

학습과 기억에 관한 현대의 인지과학, 뇌 과학의 최신 이론이 아닌 100년도 넘게 지난 과거에 이루어진 아주 기초적(초보적)인 수준의 연구가 정설로 받아 드리고 인정받는 것은 무슨 이유일까?

첫째, 학부모의 교육열을 이용한 사교육 업체의 상업적 마케팅에 의해 과대, 과장, 왜곡된 사례 중 하나다.

둘째, 외국 학자의 권위를 빌려 온 학원 강사의 상술과 생존 전략이다.

셋째, 언론의 무분별한 보도로 학부모의 판단력을 흐리게 하였다.

이와 같이 특정학설이나 이론을 절대 진리인양 권위의 수단, 마케팅의 도구로 상술의 외피를 입혀 교육이 휘둘리는 것도 바람직한 현상은 아니다.

학습(공부)이란 어떠한 학문체계 속에서 정리된 이론을 배우기 위해 이해하고 정리하여 두뇌에 구조적으로 저장하는 과정이다. 이 때 학습자는 합리와 사실을 파악할 수 있는 논리의 힘을 길러야 진정한 학습이 체득 된다. 필자의 교직 경험에 의하면 학습의 기본은 집념과 문제 해결능력에서 출발한다.

특히 도구교과(국어, 수학)의 경우 학습의 전이가는 절대적이다. 하지만 전술한 '망각곡선' 이론처럼 공부한다는 것은 쉽지 않다. 일부는 맞지만 대부분은 맞지 않는 해묵은 이론에 불과하다. 한데 '망각곡선' 이론은 사교육 업체인 학원의 학습법에 의하면 100% 맞는 것처럼 착시를 일으키게 하는 상술일 뿐이다. 왜냐하면 학습법의 경우는 이 세상 학생 수만큼이나 다양하기 때문이다.

하지만 기억력이 좋은 학생과 그렇지 않은 학생의 경우 학업성취도에서 상당히 유의미한 상관관계가 있다. 아니 아주 밀접한 관계가 있다고 해야 올바른 정답에 가까울 것 같다. 영어 학습의 경우 기억이 되어야 어휘를 암기하여 말하고 듣고 쓰는 기본적인 문제가 해결될 것이 아닌가?

수학도 마찬 가지다. 수학의 각종 공식과 원리를 기억하여야 수학적 사고와 문제해결을 할 수 있게 된다. 그 후에 각종 학습방법에 의한 논리력, 추리력, 상상력, 문제해결능력 등을 길러야 학습목표에 도달 할 수 있다. 이와 같은 고등정신 기능을 기르기 위한 지름길은 독서에서 찾아야 한다.

요즘 초등학교 수학시험 문제도 복문에 중문까지 지문이 나오는 경우가 많다. 이는 단순 지식보다 문제와 가설 상호간의 분석력과 연관성 문제해결능력을 측정하기 위함이다. 그런데 독해력이 안 되는 학생은 지문을 읽고도 이해하기 힘든 경우가 있다. 학습에서 기억력은 대단히 중요한 요소이지만 전체적으로는 일부분에 지나지 않으며 논리적이고 종합적 사고능력이 좌우 된다고 봐야 한다.

〈일의 미래〉저자 제이컵 모건은 '지식노동자의 시대' 에서 '학습노동자의 시대' 라 하였고, 김용규는 〈생각의 시대〉에서 '지식의 시대' 는 종말을 고했고 오늘날은 '생각의 시대' 라 하였다. AI와 4차산업 혁명의 여명기는 과연 무슨 시대일까? 인공지능 시대의 "최고의 교육은 독서"라는 것이 교육전문가들의 공통적인 견해다.

사회관계 자본

“

‘사회관계 자본Social capital’ 이란? 자본이라고 하면 현금 주식 등의 금융자본, 인재의 능력, 자질 등의 인적자본 등을 말하기 쉽다. 그런데 사람과 사람 사이의 관계 그 자체가 자본이라는 개념이다. 상술하면, “사람들이 자발적으로 네트워킹을 하고 자원교환을 행함으로써 공유된 자원을 소유하고 신뢰와 호혜성의 규범이 형성되는데, 이러한 성질을 지닌 네트워크나 자원”을 말한다. 쉽게 말하면 사람과 사람 사이의 인간관계 즉 인적 네트워크가 자본이라는 말이다.

라이벌은 라틴어의 리발리스Rivalis인데, 그 뜻은 ‘다른 사람과 같은 하천을 사용하는 사람’ 이라고 한다. 즉 공생관계다. 실제로 사람 간의 관계가 개인과 조직의 활동성과를 높이고 있다는 것이 여러 연구 결과가 증명한다. 또한 사회학자에 의하면 함께 즐길 만한 친구나 연인 등 사회관계 자본이 있다면 사람은 불행하지 않다고 한다.

사람이 살아가면서 성공과 행복한 삶을 위해 중요 시 해야 할 것은 〈사회관계 자본〉을 충분히 확보하는 것이다. 특히 기업 조직에서는 개개인이 갖고 있는 암묵지暗默知[2]를 공유하고 전파시키는 데 도움이 된다고 한다. 따라서 암묵지는 타사에서 흉내 내기 어려우며 혁신으로 연결되는 귀중한 자원이 된다.

말로 표현할 수 없지만 유용한 지식(암묵지)을 전하기 위해서는 타인과의 관계(사회관계 자본)를 충분히 확보하는 것이 필수적이다. 전술한 예에서 보듯 학생들은 관계망 형성을 위해 다양한 친구들과 관계를 갖는 것도 매우 중요하다. 이러한 관심과 관계 형성은 친구 이상의 연결 고리가 생겨 학습을 공유하고 만족스러운 학교생활을 하기가 한결 수월해 진다.

이를테면 다양한 문제해결 상황에서 "Can I do it?(내가 할 수 있을까?)"가 아니라 "How can we do it?(어떻게 하면 우리가 할 수 있을까?)"로 학교문화를 바꾸어야 할 것이다. 왜냐하면 개인이 혼자서 할 수 있는 것과 타인의 도움을 받으면 할 수 있는 것에는 상당한 심리적 거리가 있다는 연구 결과다.

판자 두 개를 합치면 6배의 힘이 발생하고, 콩, 팥 등 콩과 계

2) 학습과 경험을 통하여 개인에게 체화되어 있지만 겉을 드러내지 않는 지식을 말 한다. 명시지(明示知)에 상대되는 개념이다.

열을 서로 가까이 심으면 수확이 배증한다고 한다. 요즘 유행하는 인접용어로 협력학습, 협동학습, 토론학습, 공유학습 등도 사회관계 자본 확충을 위한 중요한 학습형태이기도 하다. '외로운 늑대' 의 돌출 행동을 보면서 '인적네트워크' 의 중요성을 생각하게 한다. 학생들의 사회관계 자본축적을 위한 활동은 무엇이 있을까?

첫째, 다양한 동아리 활동을 하면서 인간관계의 지평을 넓힌다.

둘째, 어려운 과제를 협력학습으로 해결한다.

셋째, 여럿이 팀웍을 이루는 스포츠 활동을 한다.

넷째, 봉사활동을 열심히 한다.

다섯째, 독서를 통하여 자신만의 아우라aura를 갖는 것이 중요하다.

시시포스의 운명

“

그리스 신화에 나오는 시시포스는 신을 속인 형벌로 하늘이 없는 공간, 그리고 측량할 길 없는 시간과 싸우면서 영원히 바위를 밀어 올려야만 한다. 다시 굴러 떨어질 것을 뻔히 알면서도 산 위로 바위를 밀어 올려야 하는 끔찍한 영겁의 형벌을 받게 되었다. 이렇게 끔찍한 형벌을 ‘시시포스’의 운명이라 한다. 그렇다면 우리나라 젊은이들이 처한 운명은 과연 시시포스와 닮았나요? 절대 아니다. 충분히 극복하고 성공적인 삶을 살아 갈 수 있다.

경수는 30대 중반의 어엿한 직장인이다. 그는 중학생 때에는 특목고 준비를, 특목고에 진학한 후에는 SKY에 입학하기 위한 준비를 해왔다. 끝나지 않을 것만 같던 6년의 시간이 지난 뒤에 꿈만 같던 대학교 생활이 시작되었으나 마치 원점으로 돌아온 것만 같았다. 취직 준비가 남았기 때문이다.

토익, 중국어, 공모전, 인턴, 대외 활동 등 수 많은 일명 스펙을 완료하고 이름만 들어도 고개를 끄덕이게 하는 대기업에 입사하였다. 그동안의 오랜 시간이 주마등처럼 지나간다. 하지만 인생이 경수에게 실소失笑를 보내며 묻는다. "끝인 줄 알았지?"

경수는 승진을 위해, 그리고 퇴출되지 않기 위해 또 다른 공부를 시작한다. 이번에는 프로그래밍, 컴퓨터, 커뮤니케이션 등 여지껏 배워왔던 것과는 또 다르다. 아마 앞으로 더 많은 사회생활에서 경수가 배우고 늘려야 할 능력치는 더욱 많을 것이 분명하다. 쉴 틈 없이 달려온 것 같은데 정상에 다다랐다고 생각하면 또 다시 시작된다고 경수는 느낀다. 있는 힘을 다하여 노력했는데 여전히 출발선인 셈이다.

여기서 우리는 물음표를 찍어본다. 왜 그만두지 않는가? 경수는 반복적이고 지루하고, 단조로운 모든 쳇바퀴와 같은 일들을 반복할수록 성공, 행복에 대한 열망을 키워간다. 조금만 더 하면 되겠지, 그래 조금만 더 하면 되겠지 라는 생각으로 반복하는 것이다.

그렇다! 사람은 시시포스의 운명을 타고 났다고 자포자기 하며 주저앉는다면 불행하다. 하지만 극복하려고 즐기는 삶은 행복하다. 비슷한 환경의 제자 A는 지금도 쉼 없이 노력하며 삶을 즐기고 있다.

반면 제자 B는 불평으로 살아가고 있다. 같은 삶의 환경에서 두 제자의 행복도와 자아효능감은 하늘과 땅 차이다. 시시포스의 운명은 극복하기 나름이다. 허들도 처음에는 넘기 힘들지만, 숙달되면 평지를 달리는 것과 별반 다르지 않게 느낀다고 한다. 별이 어둠에서 탄생하듯 희망은 절망 속에서 더 빛나기 때문이다.

엄마!

“

제왕절개로 분만한 어미양은 새끼에게 젖을 물리지 않는다. 왜냐하면 자연 분만은 새끼가 산도産道를 빠져나올 때 그 자극으로 옥시토신이 분비 되는데, 이 호르몬이 어미로 하여금 자기 새끼를 알아보게 돕는다고 한다. 임산부가 평소 느끼지 못하던 각종 냄새에 예민하게 반응하고 심한 구토를 하는 경우도 있다. 이는 산모가 본능적으로 태아를 보호하기 위해 임신 중 분비되는 호르몬의 영향이라는 것이 의학계의 정설이다.

혹시 독성물질을 먹었을 때 태아에게 미치는 영향을 사전에 차단하기 위한 신체 반응이라는 것이다. 이처럼 어미는 천륜이기도 하지만 조물주가 그렇게 엮어놓은 신의 영역이다.

가미가제 자살 소년들의 마지막 외침이 “일본 천왕 만세”가 아니라 "어머니!" 였다는 사실은 지극히 자연스러운 외침이었다.

이 때 눈물샘은 엄마로부터 발원되었다. '단장斷腸' 이란? 사람들에게 새끼를 빼앗긴 어미 원숭이가 울부짖으며 강둑을 따라 오다가 죽었는데, 배를 갈라 보니 내장이 모두 끊어져 있었다는 중국 고사다. 하물며 동물도 이럴진대 인간의 모성애는 절대적이다.

'맹모삼천지교' 로 대변되는 교육환경에서 지난날 엄마의 역할은 절대적이었다. 치맛바람이라는 말이 말해주듯 열정 엄마의 과열되고 오도된 교육열의 상징이었다. 하지만 가위로 종이를 자를 때 위 날이 역할을 했느냐 아래 날이 역할을 했느냐를 따지는 것이 무의미하듯, 자녀 교육에서 엄마 아빠의 역할 비중을 논하는 것 자체가 무의미해졌다.

왜냐하면 오늘날 부모의 역할 경계가 모호하고 굳이 나눌 필요도 없어졌기 때문이다. 더불어 아빠의 육아 휴직이 보편화되고 가사 분담과 부부 경제활동이 대세인 세상이다. 그렇지만 자녀들의 정서 · 심리적 영향력은 아직도 엄마가 아버지보다 우위이다. 이 세상에 자식 이기는 부모 없다는 말이 있지만, 빅토르 위고는 "여자는 약해도 어머니는 강한 법이다." 고 하였다. 위고가 말한 강함이란 자녀에 대하여 질량을 측정할 수 없을 정도의 모성애를 말한다고 생각 된다.

어머니의 한 마디 한 마디는 수십 년 곰삭아 나오는 진액과 같아서 자녀 교육에 자양분이자 화수분이 된다.

에드워드 홀의 '공간학Proxemics' 에 따르면, 45㎝ 이내의 거리는 엄마와 아기, 혹은 부부 사이와 같은 친밀한 관계에서만 허용된다. 자녀에게 '친근감의 원리' 는 심리 · 정서적면에서 교육적으로 매우 중요하다. 이래서 탈무드에 따르면 '신은 모든 곳에 있을 수 없어서 어머니를 보냈다' 라고 하지 않았는가?

인문고전(古典)

"

인문학은 주로 인간과 관련된 근원적인 문제나 사상, 문화 등을 중심적으로 연구하는 학문을 말한다. 우리가 문 · 사 · 철이라고 부르는 문학, 역사, 철학을 지칭하기도 한다. 최근에는 자연과학의 상대적인 개념으로 인문과학이라고 불러지고 있다. 따라서 고전은 인류역사에 지대한 영향을 미칠 수 있는 책을 말한다. 수능 후 고3 학생들의 생활지도로 전국의 고등학교가 몸살을 앓고 있다.

이러한 분위기는 중학교까지 전이 되어 건전한 청소년 문화 창달에 커다란 장애요인이다. 이 같은 현상은 대학입시제도, 학생인권조례, 교사의 생활지도 한계, 학부모의 오도된 교육열, 사회의 교육 유해환경 등 복합적인 요인에 기인한다.

우리나라의 대학 진학률은 영국, 미국, 독일, 일본 같은 선진국보다 훨씬 더 높은 80% 대이다. 올해부터 저출산 파고는 대학 교육의 부실화를 유발하고 일부 대학은 정원조차도 채우지 못하는 실정이다. 물론 그간 높은 대학 진학률과 양질의 고등교육 인력이 오늘날의 대한민국을 있게 한 것은 부인할 수 없는 사실이다. 하지만 지금은 그 욕구가 비정상적인 사회구조를 양산했으며 분명히 시정 되어야 한다.

대학입시 제도에서 특정한 정책 즉 한 방으로 모든 문제를 해결할 수는 없다. 그러나 우리나라만의 독특한 입시문화를 합리적으로 개선하기 위해서는 초 · 중등 교육과정과 대학입시에 동서양의 인문고전을 탐독할 수 있는 제도개선이 시급하다.

감수성 예민한 청소년기의 가치관 형성 및 인격 발달에 이보다 더 좋은 특효약이 없다고 본다. 초등학생도 독서량이 많은 어린이는 수업에 대한 이해력이 월등하고, 정신세계가 건전하다는 것은 여러 연구논문이 방증 한다.

세상에는 두 종류의 책이 있다. 고전과 비고전, 고전은 짧게는 100~200년 이상, 길게는 1천~2천년 이상 살아남은 책을 말한다. 환언하면 천재들의 저작이다. 인문고전은 인류의 역사를 새로 쓴 진정한 천재들이 자신의 모든 정수精髓를 담아 놓은 책이다. 미국 명문 사립 중 · 고교의 인문고전 독서 열기는 놀랍다.

플라톤의 〈국가〉를 읽고 소화한다. 도서관에서 플라톤의 〈국가〉를 주제로 집필된 모든 책을 찾아 읽고, 〈국가〉를 주제로 에세이를 쓰고 토론도 한다. 이와 같이 인문고전을 철저하게 탐독하는 것이 미국의 명문 중 · 고교에서는 일상이다.

인문고전의 본고장인 영국은 옥스퍼드나 케임브리지에 들어가서 그리스어 및 라틴어로 진행된 인문고전 수업을 듣고 에세이를 쓰고 토론을 한다.

프랑스의 인문고전 독서교육의 전통은 영국 이상이다. 엘리트 중 엘리트만 들어가는 그랑제콜에 입학하려면 그리스어와 라틴어를 자유자재로 읽고 쓸 줄 알아야 한다.

우리나라의 중 · 고교는 어떠한가? 굳이 설명이 필요하지 않다. 체구만 커다란 정신적 발육장애 학생을 양산하는 꼴이다. 이들 나라의 중고생들과 우리나라의 중고생들과의 가치관과 청소년 문화는 하늘과 땅 차이이다. 역발산기개세力拔山氣蓋世!

젊은 나이에 1만권의 책을 다 읽어도 채워지지 않을 왕성한 탐구욕을 지닌 시기이다. 인문고전을 탐독한 후 다른 사람들의 시각으로도 세상을 볼 수 있는 공감능력과 현인들의 궤적을 받아들이는 흡수능력도 키워야 한다.

퇴계 이황, 반계 유형원, 다산 정약용의 인문고전 독서는 '반복독서 → 필사 → 사색 → 황홀한 기쁨 → 깨달음' 으로 이어져 인문고전 독서의 극치를 보여주고 있다.

일반적인 ‘통독 → 정독 → 필사’ 패턴에 인문고전 독서의 진정한 경지인 ‘사색’의 세계에까지 도달해야 한다. 2030세대도 촛불시위, 콘서트, 트위트에 빠져 있을 때가 아니다. 청소년과 젊은 층 일수록 사회의 터무니없는 소설小說에 공감해야 ‘지식인’으로 착각하는 삐뚤어진 기류가 펴져있는 것도 현실이다. 청소년들이 인문고전에 빠져 열독하는 세상이 올 때 한류의 상승 기류와 함께 세계의 청소년 문화를 선도할 것이다.

피터팬 증후군

“

육체적으로는 성숙하여 어른이 되었지만 여전히 어린이나 소년이 되기를 원하는 심리상태나 행동을 일컫는 말이다. 피터팬 증후군Peter Pan syndrome은 현대사회의 특성인 핵가족화의 심화로 1인 가정이 늘어나면서 더욱 늘어나는 추세가 되어가고 있다. 자신만의 울타리 안에서 자신만의 삶을 살아가는 것이다. 사회생활을 줄이고 집 안으로 들어가게 된다. SNS는 이러한 증상을 더욱 심화시키고 있다.

결과적으로 이러한 피터팬 증후군은 사회적인 문제를 안고 있다. 유래는 1970년대 미국남성을 중심으로 그런 경향성이 보이기 시작했고, 1980년대 이후 일본에서도 젊은 남성들 사이에 확산 되었다고 한다.

SNS는 이런 점에서 독이라고 볼 수 있다. 한때 어릴 때부터 친했던 친구들의 지금 모습을 볼 수 있는 SNS는 어느 새인가 그들만의 리그가 되버렸고 현실이 아닌 동화로 만들어 버렸다. 나만 빼고는 모두가 행복해 보이고 모두가 만족스러운 삶을 사는 것처럼 보인다. 나는 실패한 인생인 것 같고, 더 이상 어떤 도전도 시도도 해보지 않게 되어버리게 된다. 결과적으로 스스로를 울타리에 가둬버리는 꼴이 된다.

이와 유사한 말로 캥거루족, 헬리콥터 부모, 신데릴라 증후군 등이 있다. 캥거루족은 취업을 못해 부모에 의지해 살거나, 취직을 했는데도 임금이 적어 경제적으로 독립하지 못하는 부류를 말하며 우리나라가 IMF관리체제 아래 있던 시절 대학가에서 유행하던 신조어다. 헬리콥터 부모는 헬리콥터처럼 자녀의 주변을 맴돌며 자녀 양육과 교육에 극성스러울 정도로 관심을 쏟는 부모를 지칭하는 것을 말 한다.

신데릴라 증후군은 자신의 배경과 능력으로는 사회적으로 높은 위치에 설 수 없을 때 여성이 자신의 인생을 180° 바꿔줄 왕자님에게 보호받고 의존하고 싶어하는 여성의 심리를 뜻한다. 전술한 세 유형의 자녀들은 '결정장애'를 앓고 있다는 공통점이 있다. 피터팬 증후군 테스트 내용이다.

1. 자신이 실수 했음에도 변명을 늘어 놓는다.

2. 기념일을 잘 기억하지 못한다.

3. 모임에서 돋보이기 위해 노력한다.
4. 상대방은 배려하지 않는 언행과 말투를 가지고 있다.
5. 타인에게는 배려하지만 가족이나 배우자에게는 잘 배려하지 않는다.
6. 자신과 관련된 사람이 불만을 표현하기 전 까지는 관심을 잘 갖지 않는다.
7. 자기가 하고 싶은 일만 한다.
8. 자신의 감정을 표현하는 법을 잘 모르거나 서툴다.
9. 자신의 주장과 다른 이야기는 잘 듣지 않는다.
10. 부모님과의 사이가 멀다.
11. 화를 잘 낸다.
12. 자신이 좋아하는 사람 때문에 부모와 트러블을 겪어 본 적이 있다.
13. 자신이 좋아하지 않는 일이나 공부를 부모에 의해서 하고 있다.
14. 성실함이 결여되어 있다.
15. 허풍이 심하다.
16. 재미있는 것이 있으면 보고 또 본다.
17. 여성과 남성의 일을 구분한다.
18. 자신이 부족 한 점은 남에게 말하지 않는다.
19. 감정적이다.

20. 새로운 변화를 싫어 한다.

각 항목별로 읽어 보고 그렇다 2점, 보통이다 1점 아니다 0점으로 환산한다. 전문가에 따르면, 항목의 점수 합산이 1~10점이면 정상, 11~20점은 피터팬 증후군 증상이 의심되는 상태, 총 21점 이상이면 전문가와 상담이 필요하다. 의학적으로 '의존성 인격장애' 로 진단되며 이를 극복하기 위해서는,

첫째, 어른이 되는 것을 두려워 않는다.

둘째, 자신에 대한 목표치를 너무 높게 잡지 않는다.

셋째, 자신의 감정에 솔직해 진다.

넷째, 20~30대의 독립적인 마인드 확립이 요구된다.

다섯째, 부모의 지나친 기대와 보호는 금물이다

여섯째, 삶의 다양성을 인정해야 한다.

'낮 말은 페이스 북이 듣고, 밤 말은 트위터가 듣는다.' 는 말처럼 청소년들의 문화와 트렌드가 바뀌었다. 비약하면 외로운 늑대도 이러한 문화와 전혀 무관하다고 할 수 없다. 자녀교육에서 이러한 역기능을 순기능으로 바꾸기 위해서는 어떠한 처방이 요구될까?

필자의 오랜 교직경험 상 자녀들을 방치나 방기放棄하라는 것이 아니라 사회상규와 사회통념 상 교육적 의도성과 강제성이

중요하다. 왜냐하면 의도성과 강제성에는 절제된 통제와 자유스러움이 혼재되기에 그 강약 조절이 부모의 가치관, 가정의 습속과 어우러져 바람직한 자녀교육관으로 자리 잡을 수 있기 때문이다.

부유한 가정의 A양, 가난한 가정의 B양은 초등학교 5학년 때 성적이 비슷했다. 하지만 피터팬처럼 성장한 A양과 코이처럼 성장한 B양은 지금은 하늘과 땅만큼 다른 길을 걷고 있다. A양은 지금도 유복한 부모 밑에서 빈둥빈둥 소비생활을 즐긴다. 반면 B양은 모 대기업에서 촉망받는 직장인으로 재직하고 있다. 동물도 일정 시간이 지나면 이유離乳를 하고, 새도 어느 정도 성장하면 이소離巢하는 이치를 깨닫는 지혜가 중요하다.

할단 새의 망각의 저주

"

히말라야 산맥에 있는 카투만두라는 작은 왕국에는 할단 새에 대한 전설이 있다. 일명 야명조夜鳴鳥라는 새다. 이 새는 둥지 없이 사는데 밤이 되면 히말라야의 살을 에이는 듯한 추위와 싸운다. 그리고 내일은 꼭 집을 짓겠다고 마음을 굳게 먹는다. 하지만 해가 떠오르면 간밤의 다짐은 까맣게 잊어버린다.

아침이 되면 은빛세계의 선경仙境을 유영遊泳하기에 정신이 없다. 낮에는 먹잇감을 구해 배불리 먹고 이곳저곳을 활강하며 즐긴다. 그러다 밤이 되면 또 애절하게 울면서 다짐하고, 해가 떠오르면 까맣게 잊어버리기를 반복하는 생활을 한다. 그렇게 후회와 다짐을 수없이 되풀이하다가 둥지를 짓지 못해 멸종되었다는 전설의 할단 새 이야기다.

할단 새의 망각의 저주다. 할단 새는 우리말의 작심삼일이라는 말처럼 목표를 세워 놓고도 주변의 유혹과 자신의 의지 부족으로 실천하지 못 한 경우다. 원래 인간은 기억과 망각의 양면가치 병존의 속성이 있다. 한국인은 사계절에 걸쳐 생활하다 보니 환경 적응력이 세계 어느 나라 사람보다 뛰어나다고 한다.

혹독한 추위를 겪다 따스한 봄 햇살에 다 잊고 무더운 여름을 견디다 보면 서늘한 가을바람과 함께 낭만을 즐긴다. 봄 햇살과 아름다운 낭만 안에 항상 두려운 존재가 있음을 아는 지혜를 터득하면 학생들은 이미 절반의 성공을 안고 출발한다. 그런 의미에서 교사와 정책 담당자들은 탁월한 역사지능을 요구한다.

역사학자 에드워드 카에 의하면, 역사란? '현재와 과거 사이의 끊임없는 대화다' 라고 말한다. 역사의 교훈을 잊고 합리성과 합법성의 이성적 판단에 반하는 '인지적 오류' 에 빠지면 정책의 품질은 하자 투성이가 된다. 마치 촉수 잘린 곤충처럼 어디로 가야할지, 무얼 해야 할지, 동쪽이 어디이고 서쪽이 어디인지 그리고 내가 누구인지 조차 모르는 의식의 혼미와 혼란에 빠진다. 이 때 주요 정책 담당자들은 정책의 합리화를 위한 식물학의 "타감작용他感作用 · Allelopathy[3]" 처럼 처신한다.

사례를 들면, 모든 정부의 교육정책은 연속성이 중요하다. 흔

3) 식물이 성장하면서 일정한 화학물질이 분비되어 경쟁되는 주변 식물의 성장이나 발아를 억제 및 사멸케 하는 작용물질

한 말로 교육의 백년대계다. 우리나라 역대 정부의 집권 세력은 '우리만 옳다' 는 서픈짜리 선민의식에 빠져 교육의 본질성보다 이념과 언저리 정책을 선호한다. 이는 학생들만 피해를 보는 구조가 될 수도 있다.

그래도 학생들은 도전을 멈추면 안 된다. 전문가들에 의하면 목표를 이루기 위해 10번 정도의 포기와 도전을 반복한다고 한다. 인공지능과 4차 산업혁명을 선도 할 청소년들은 '머릿속의 안전벨트' 를 단단히 조여야 하는 상황이다. 독일 격언에 "행복은 지배해야 하고, 불행은 극복해야 한다."고 하였다. 청소년들의 의지, 집념, 끈기는 열 번, 백 번 강조해도 지나치지 않는 말이다. 그렇지 않으면 할단 새의 망각의 저주는 청소년들의 현실이 될 수도 있다.

영양 만점
교육 비타민

인쇄 2020년 5월 18일
발행 2020년 5월 22일

지은이 김기연
펴낸이 김재광
펴낸곳 솔과학

등 록 제10-140호 1997년 2월 22일
주 소 서울특별시 마포구 독막로 295번지 302호(염리동 삼부골든타워)
전 화 02)714-8655
팩 스 02)711-4656
E-mail solkwahak@hanmail.net

ISBN 979-11-87124-66-5(03370)

값 20,000원